CONDUCE TU VIDA

DIANA HENRI

★

CONDUCE TU VIDA

Nota a los lectores: Esta publicación contiene las opiniones e ideas de su autor. Su intención es ofrecer material útil e informativo sobre el tema tratado. Las estrategias señaladas en este libro pueden no ser apropiadas para todos los individuos y no se garantiza que produzca ningún resultado en particular. Este libro se vende bajo el supuesto de que ni el autor, ni el editor, ni la imprenta se dedican a prestar asesoría o servicios profesionales legales, financieros, de contaduría, psicología u otros. El lector deberá consultar a un profesional capacitado antes de adoptar las sugerencias de este, la integridad de la información o referencias incluidas aquí. Tanto el autor, como el editor, la imprenta y todas las partes implicadas en el diseño de portada y distribución, niegan específicamente cualquier responsabilidad por obligaciones, pérdidas o riesgos, personales o de otro tipo, en que se incurra como consecuencia, directa o indirecta, del uso y aplicación de cualquier contenido del libro.

Este libro no podrá ser reproducido, ni total ni parcialmente, sin previo permiso escrito del autor. Todos los derechos reservados.

Título: *Conduce tu vida*
© 2018, Diana Henri

Autoedición y diseño: 2018, Citizen of the World Invest, S.L.
Primera edición: noviembre de 2018

La publicación de esta obra puede estar sujeta a futuras correcciones y ampliaciones por parte del autor, así como son de su responsabilidad las opiniones que en ella se exponen.

Quedan prohibidas, dentro de los límites establecidos por la ley y bajo las prevenciones legalmente previstas, la reproducción total o parcial de esta obra por cualquier medio o procedimiento, ya sea electrónico o mecánico, el tratamiento informático, el alquiler o cualquier forma de cesión de la obra sin autorización escrita de los titulares de *copyright*.

ÍNDICE

Índice

DICEN DE DIANA 13

TESTIMONIOS 15

AGRADECIMIENTOS 19

PRÓLOGO 21

PRÓLOGO DE LAIN 23

CAPÍTULO 1
UNA OPORTUNIDAD PARA CRECER 25
1.1 Cómo puede ayudarte este libro 27
1.2 Un consejo para sacarle
    el mejor partido a este libro 32
1.3 Un poco sobre mi historia. 34
1.4 Todos tenemos problemas. 37

CAPÍTULO 2
TODO DEPENDE DE TUS CREENCIAS 45
2.1 Conoce tus creencias y cambiarás tu vida 47
2.2 No te tomes nada a nivel personal. 60
2.3 Aplica el derecho de admisión en tu mente:
    tú sí, tú no. 61
2.4 Elige creencias que te empoderen 65

CAPÍTULO 3
UTILIZA EL DOLOR A TU FAVOR 73
3.1. La noche oscura 78
3.2 Culpa y autoestima. 82
3.3 Dile adiós a la culpa y a la preocupación 85
3.4 Empieza ahora 93
3.5. El golpe que te hará despertar 99

CAPÍTULO 4
CONDUCE TU VIDA 103
4.1 ¿Qué es lo que quieres?. 105
4.2 Tu gran porqué. 116
4.3 Comprométete y pasa a la acción 120
4.4 Los problemas siempre existirán 124

CAPÍTULO 5
CURIOSIDAD Y PASIÓN. 127
5.1 El poder de dar. 129
5.2 En busca de tu propósito 136
5.3 El *ikigai* 138

CAPÍTULO 6
LAS EMOCIONES, LA ENERGÍA
Y TU ENTORNO. 141
6.1 Tus emociones determinan tu vida. 143
6.2 Técnicas para cambiar de estado 146
6.3 Ten cuidado con las personas que te rodean 153
6.4 El poder del perdón 155

CAPÍTULO 7
APRENDE A BAILAR CON EL MIEDO
Y TUS EMOCIONES 159
7.1 ¿Qué es la zona de confort? 161
7.2 El poder de vivir el presente. 164

7.3 Ejemplos de miedos................ 166
7.4 Equilibrio-balance 170

CAPÍTULO 8
OLVIDA EL VICTIMISMO................ 175

8.1 Sé agradecido y confía................ 179

CAPÍTULO 9
ACTÚA AHORA, PORQUE NUNCA ES EL MOMENTO PERFECTO................ 181
9.1 Ventajas e inconvenientes de la perfección....... 184

CAPÍTULO 10
LAS LEYES DE LA VIDA 187
10.1 Principio del mentalismo................ 191
10.2 Principio de polaridad 194
10.3 Principio de vibración................ 196
10.4 Principio del ritmo................ 200
10.5 Principio de causa y efecto 203
10.6 Principio de correspondencia 205
10.7 Principio de generación 207
10.8 ¿Cómo aplicar estos principios a tu vida?....... 208

CAPÍTULO 11
NO HAY TIEMPO QUE PERDER: PONTE INCÓMODO YA................ 209

ÚNETE Y COMPARTE................ 213

LA VOZ DE TU ALMA 217

OTROS LIBROS DE LA AUTORA................ 218

BIOGRAFÍA DE LA AUTORA 219

Dicen de Diana

«Diana me animó a salir de mi zona de confort, pero manteniendo los pies en el suelo. Siempre brilla con luz propia, aun cuando las cosas se ponen difíciles. Es pura inspiración, no hay manera de no quererla. Gracias, Diana. Te quiero».

Carol P.

«Diana es la persona que me hizo conocer el verdadero sentido de la vida. A mis cuarenta años estaba muy perdida y gracias a ella ahora puedo decir que soy feliz. Siempre te estaré agradecida, Diana, porque me encanta mi nueva vida. Gracias».

Rodica C.

«No sé si lo sabe, pero ella es un referente en mi vida… No solo porque es de las personas más seguras que conozco, valiente como nadie y terca como una mula, sino porque se supera día a día y aprende a caerse para levantarse con más fuerza (y encima lo hace con estilo). Te quiero, Didi».

Maitane B.

«Diana es una de esas personas que iluminan cualquier oscuridad. Serenidad, paz, sabiduría y calma es lo que queda después de su paso. Siempre estaré agradecida a la causalidad que un día cruzó nuestros caminos».

Laura M.

«La naturaleza de Diana es ayudar e iluminar la vida de cada persona que la conoce. De mayor quiero ser como ella, para transformar cada momento en algo mejor y para tener la capacidad de aprender de todo lo no tan bonito que tiene la vida. Te quiero infinito, Diana».

Isa R.

«Diana: un nombre corto para una persona que realmente puede hacer cosas grandiosas. Es la persona más dinámica, inteligente y orientada que he conocido. Tiene su corazón en el corazón de todos nosotros».

Luis M.

«Diana llegó cuando menos la esperaba y me enseñó que hay cosas que solo se pueden buscar dentro, en el interior de nuestro propio ser. Ahora camina conmigo e ilumina con más intensidad mis pasos. No dejes nunca de sonreír, Diana».

Almudena R.

«Además de positiva, solar e inteligente, ¡Diana es contagiosa! ¡Consigue transmitir sus emociones a todo el que la rodea! Todos deberían tener una Diana en su vida».

Piero C.

«Entusiasmo y amor por la vida son los dos conceptos que mejor definen a Diana».

Iván T.

«Diana es una guía y un ejemplo a seguir, siempre me ayudó a encontrar el camino cuando no lo veía».

Amanda D.

«Diana es un ejemplo de transformación, una mujer que logra alcanzar sus sueños, pese a las adversidades que la vida le pone, y que es capaz de seguir su propósito de vida sin mirar atrás. Es una mujer admirable y, cada día, entrega a la vida lo mejor de ella».

Juan M.

Testimonios

«Diana, gracias a tu libro comprendí que no importan las desgracias que hayas tenido en tu vida, porque, en definitiva, todo depende de una decisión: o te hundes o te empoderas más aún y luchas por tu felicidad. La diferencia solo radica en un paso, lo que tú decidas».

Doctora Carina Povarchik, autora de *Donde todo comienza*.

«Siempre he sido de la opinión de que las dificultades en la vida te hacen más fuerte, y si sabes aprovecharlas son una oportunidad para crecer. Diana y su libro son una muestra de ello. Gracias por compartir este mensaje».

Patricia Bartolomé, autora de *Las leyes de la fertilidad*.

«Un libro en el que la autora hace correr a los lectores entre sus letras para que ellos mismos tomen el poder y las riendas de sus vidas. Una obra didáctica, donde la autora entrega herramientas muy valiosas con las que poco a poco irás adquiriendo nuevos hábitos y, con ello, una nueva mentalidad que elevará tu vida a un nivel superior y la hará plena. Un magnífico libro que no dejará indiferente a nadie y que no debería faltar en ninguna biblioteca personal. Mil gracias por este gran libro, Diana».

Borja Montés Llopis, autor de *A través de sus pequeños ojos*.

«Gracias, Diana, por este libro con el que me has enseñado que se puede salir adelante a pesar de las dificultades. A través de tu historia me he sentido identificada y he encontrado el sentido de mi vida, a pesar de los pedruscos que he tenido que esquivar. Libro muy recomendado, ya que te enseña a tener una mentalidad adecuada para avanzar, entendiendo el efecto que provocan las emociones y nuestras creencias, ¡que son la base de todo! Millones de gracias por este regalo que le haces al mundo».

Isa Campillos, autora de *El código de tu sanación*.

«Un libro maravilloso con el que aprenderás a llevar tu vida hasta donde tú y solo tú quieras. Un libro lleno de energía positiva que sentirás con solo tocarlo. Un libro en el que aprenderás que la vida feliz que siempre has soñado se puede alcanzar, incluso habiendo pasado por muchas dificultades, como bien sabe su autora. Gracias por esta maravilla, querida Diana».

Tatiana García Pérez, autora de *Elígete*.

«Si necesitas salir del hoyo de la tristeza y la asfixia, este es tu libro. En *Conduce tu vida*, Diana Henri nos enseña a no dejar que la mente nos controle, a pesar de las dificultades y los desafíos de la vida. Aprenderás a trabajar las creencias para no rendirte y alcanzar tus metas. Millones de gracias de todo corazón, Diana, por tu linda contribución a la humanidad.

Midalvis Velázquez Iglesias, profesora de biología y autora de *Dasamor*.

«Este libro refleja un estudio profundo de cómo afecta la mentalidad en nuestras vidas y apoya al lector para que tenga una vida plena y feliz, a pesar de las dificultades. Su autora lo demuestra a partir de su propia experiencia, pues ella misma ha superado situaciones dolorosas y no por ello ha dejado de contagiar a los demás su vitalidad y ganas de vivir en plenitud. Gracias, Diana, eres muy generosa al enviar al mundo este mensaje de felicidad».

Rocío Sánchez García, autora de *¿Quién es la otra?*

«¿Cuántas veces el mundo parece que se te echa encima y te sientes aturdido y abatido? El libro que ahora tienes en tus manos te empuja a soltar todos esos lastres y hará que vayas por ese camino llamado vida más ligero. De una forma brillante, su autora te invita a superar cualquier desafío y a traspasar los límites de tu mente».

Eugene Martínez Negrín, autora del libro Dedícate una sonrisa.

«Diana te acompaña a cambiar tu forma de pensar y a hacerlo de forma positiva para alcanzar la felicidad. Un libro esencialmente práctico que no te dejará indiferente. ¡Gracias, Diana!».

María José Roselló, autora de
Tu lienzo en blanco y *El arte de encontrar tu esencia*.

«La mentalidad es lo más importante, todos pasamos por desafíos. Diana en este libro logra hacer entender cómo, con un cambio de mentalidad, todos esos desafíos se convierten en regalos. Gracias infinitas por este libro, Diana».

Carolina Rodrigo Fuentes, autora del libro *Piensa, vende, ama*.

«Es un libro que te permite conectar de manera simple con tu propia esencia y llevar tu vida a un siguiente nivel. Superrecomendado».

Guillermo Salgado Cantor, autor del libro *Recuerda el 100. Historias y fábulas inspiradoras*.

«Maravilloso libro en el que la autora nos cuenta cómo conseguir nuestros logros, a pesar de todas las circunstancias de la vida, y cómo afecta nuestra mentalidad en todas las decisiones que tomamos. Es un libro práctico donde podemos ver los pasos que hay que dar para tener una vida plena. Gracias, Diana, por contarnos tu historia y cómo diste un giro a tu vida».

Nuria Sala Bergillos, autora de *Tu don: el poder de sanar tu vida*.

«El libro *Conduce tu vida* te invita a alcanzar un equilibrio y bienestar que hará que tengas la vida que deseas. ¡Gracias, Diana, por ayudarnos a abrir nuestra mente!».

Ana Gordillo, autora de *Querida Tristeza...*

Agradecimientos

A ti lector, millones de gracias por tener este libro entre tus manos, por apostar por tu felicidad.

Gracias una y mil veces. Porque, aunque ya lo sabía, es una prueba más de que estoy rodeada de personas maravillosas que confían en mí y en mi sueño. No sabéis lo tremendamente afortunada que me siento.

Gracias a mi hijo, porque es mi Gran Porqué. Cariño, te quiero, brillas con luz propia y es maravilloso verlo. No paro de decirle a mi yo del presente y a mi yo del futuro que te eduquen en el amor y permitiéndote equivocarte, caer y ser libre, porque quiero que crees tu propia vida, que cometas errores y aprendas de ellos, que sueñes y no dejes de hacerlo nunca. Tu familia siempre estará ahí para apoyarte.

Gracias a mis padres, porque os lo debo todo. Gracias por esa confianza infinita que siempre habéis tenido en mí.

Gracias a mis dos hermanas, mis chicas, porque no sois solo un punto de apoyo, lo sois todo. Elegí a las mejores hermanas y, sin duda, este camino es mucho mejor con vosotras al lado.

Gracias a mis dos ángeles, que me protegen y siempre creyeron en mí. Chicos, he sentido vuestro apoyo desde donde estáis ahora. Estoy segura de que sin vosotros hubiese sido más complicado.

Y por último, pero no por ello menos importante, millones de gracias a mi círculo fuerte de amigos. Vosotros sabéis de quiénes hablo: de ti, que al contarte mi sueño me dijiste «Cuenta conmigo». Gracias por confiar en mí, y por acompañarme y apoyarme durante todo este proceso en el que tenía colgado el cartel de «Sueños en construcción, disculpen las molestias». Ya sabéis que incluso en esos momentos soy como el 112 para vosotros y acudo cuando y donde me necesitéis.

Os quiero, mi gran familia.

Diana

Prólogo

Antes de comenzar, quiero darte las gracias y, por qué no, también la enhorabuena, porque tu mirada, tu instinto, tu sexto sentido (o como quieras llamarlo) ha elegido este libro de entre muchos. Si, además, lo estás leyendo, estás por encima de la media, pues según las estadísticas hay un alto porcentaje de personas que compran libros y nunca los leen o ni siquiera los terminan.

Sin embargo, nada pasa por casualidad, así que si este libro ha llegado a tus manos es porque lo necesitas, porque sabes que tienes que hacer algo diferente en tu vida, pero aún no sabes cómo. Y yo estoy aquí para ayudarte.

Este es el primer libro de mi serie «*Conduce tu Vida*», un conjunto de libros que tienen un único objetivo: que alcances una vida más plena y feliz. Para ello, necesitar hacer dos cosas:

- Cambiar tu mentalidad: el poder de la mente crea tu vida, así que cualquier cambio que desees acometer debe empezar por ahí.

- Pasar a la acción: la teoría sin práctica no sirve de nada, así que toca ponerse en marcha.

Para emprender el camino hacia la vida que mereces, lo primero que debes hacer es detectar qué es lo que te impide avanzar: tus creencias limitantes, tus emociones negativas... Todo lo que suponga un lastre para tu crecimiento y felicidad.

¿Nos ponemos en marcha? Bienvenido.

Prólogo de Lain

Cuando todo el mundo desea algo y casi nadie lo obtiene, sabes que quizás estás tomando decisiones en la dirección equivocada.

En un mundo en el que todas las personas tratan de solucionar sus problemas en el exterior, quizás convendría empezar a mirar en el interior, puesto que aquellos que miran fuera no parecen llegar a buen puerto.

Y si este razonamiento lógico es tan sencillo, ¿por qué nos cuesta tanto empezar?

Quizás porque desconocemos el enorme poder que tiene el entender, comprender, asimilar, aceptar y utilizar los principios del mundo interno. Puede que sea porque en realidad no sabemos lo que nos estamos perdiendo al no hacerlo.

Independientemente de cuál sea la razón, hoy no va a ser un día más. Hoy será el día en que empiezas tu cambio.

¿Y si todo lo que ha acontecido en tu vida es por una razón?

¿Y si resulta que aquello que interpretaste como una maldición, era en realidad tu mayor bendición disfrazada?

¿Y si la vida no te sucede a ti, sino que sucede PARA TI?

Cuando seas capaz de utilizar el dolor a tu favor, abrirás puertas que antes permanecían ocultas. Nuevas puertas de oro esperando ser descubiertas, pero que nunca lo harán si no cerramos antes ciertas puertas de bronce.

Quizás ya ha llegado tu momento…

Sé que si estás aquí, leyendo estas páginas, es porque ya estás preparado y Diana será la persona que te acompañe en el viaje hacia esa Tierra Prometida de tus sueños y anhelos del alma.

LAIN, autor de la saga LA VOZ DE TU ALMA.

www.lavozdetualma.com

UNA OPORTUNIDAD PARA CRECER

1.1 Cómo puede ayudarte este libro

Puede que en este momento estés viviendo una pérdida —en cualquier sentido—, o que te sientas arrastrado hacia una situación que te asusta y no consigues ver la luz al final del túnel. Son situaciones como las que te planteo a continuación, con las que puedes sentirte identificado:

- Estás en un momento en el que la vida te ha sacudido con un acontecimiento que te ha hundido en lo más profundo.
- Llevas años soportando una situación que te hace infeliz o has perdido el control sobre tu vida y tus decisiones.
- Te sientes frustrado por tus problemas o has perdido la esperanza y las fuerzas para seguir avanzando.
- No te gusta tu vida, no tienes claro qué camino escoger, a qué destino quieres llegar o lo que quieres conseguir.
- Desearías tener una vida más feliz, pero no sabes cómo lograrlo, aunque eres consciente de que hay una manera para hacerlo posible.

Son esos momentos en los que pasas por diferentes fases o experimentas sentimientos diversos: soledad, tristeza, impotencia, miedo, desesperación, angustia... Incluso puedes dejar de encontrarle sentido a la vida y pensar que no tienes ganas de seguir. Así es como entras en ese túnel sin salida. Sin embargo, la finalidad de estos acontecimientos que te presenta la vida es que superes tus miedos y crezcas como persona, y eso es lo que yo quiero que consigas con mi ayuda. Si te sientes así, sigue leyendo, porque tú puedes poner fin a tu sufrimiento. Hoy es el día en el que emprendes el camino que te conducirá a cumplir tus sueños.

Cuando estás inmerso en esa noche oscura, puede parecerte que no hay salida, porque hay un desequilibrio que no te permite ver la realidad. Pero detrás de la desgracia hay una oportunidad para crecer y superarla te hará más fuerte. Ten siempre en cuenta que, cuando superas una experiencia así, creas en ti una confianza poderosa. Te parecerá que caminas por el desierto sin contar con una sola gota de agua, pero te aseguro que saldrás de él como una persona totalmente diferente y empoderada.

Para conseguirlo, necesitas dejar tu cabeza a un lado y pasar a la acción. No tienes que saberlo todo para llevar a cabo pequeñas acciones que te acerquen a tu objetivo. Empieza con una, pero empieza, porque una decisión, para serlo realmente, requiere una acción.

Lo que te voy a contar en estas páginas es un proceso, no un parche para aliviar tu sufrimiento. Y, como todo proceso, para conseguir resultados deberás seguir los pasos y crear un hábito.

No pretendo que creas en lo que te digo, porque esto no es una cuestión de fe. Lo que quiero es que compruebes y descubras por ti mismo lo que a ti te funciona.

La finalidad de este libro no es adornar tu estantería, hacerte pasar un rato divertido, distraerte de la realidad de tu vida ni contarte lo que quieres oír para ahondar más en el victimismo. Su objetivo es que tomes conciencia de tu vida, de lo que ocurre en tu mente de manera inconsciente, porque hasta que no lo hagas no podrás conseguir ningún cambio. Hasta que no seas consciente de tus creencias y de tus heridas, continuarás paralizado donde estás. Sin embargo, cuando descubres la realidad de tu vida, dices: «¡Hasta aquí!» y empiezas a buscar la manera de cambiarla. Y, si no la encuentras, la creas.

Por todo esto, quiero compartir contigo las ideas que te ayudarán a producir ese cambio, mostrarte el camino que te hará conseguir más de lo que ya tienes y llegar a donde deseas. Porque te aseguro que el cambio es posible y que, si otros lo han conseguido, tú también lo harás. Ahora bien, solo te pido una cosa: no te dejes sabotear por tu mente con esos pensamientos que dicen «Uf, eso ya lo sé», «Uf, si fuera tan fácil...», «Uf, si tú estuvieses en mi situación...» y una larga lista de «Uf...».

Naciste para ser feliz y para disfrutar de la vida. Estás vivo, así que da las gracias por ello, toma las riendas y empieza a disfrutar el camino. Arriésgate a vivir, di basta cuando tengas que decirlo y ten claro que no tienes que cambiar por nadie ni por nada, pues ya venías perfectamente imperfecto de fábrica, así que no dejes que te reparen cuando no lo necesitas.

Y, por favor, te pido una cosa más: termina de leer este libro, y acaba lo que empiezas. Esto es la clave para todo. En un evento al que asistí en Singapur, uno de mis mentores dijo: «Como haces una cosa, las haces todas». Aquello quedó grabado en el fondo del corazón. Sin embargo, recuerdo que nada más escucharlo mi mente empezó a justificarse: «Bueno, eso tampoco es así, serán solo algunas cosas, las que te gustan, no el cien por cien, porque hay gente ordenada en el trabajo que luego tiene su casa hecha un desastre o el coche que parece un trastero, aunque llevan una vida organizada...». Pero luego me dije: «Mentira, tiene toda la razón, y mira que yo no soy partidaria de generalizar, pero es verdad: somos como somos y quien es un desastre es un desastre en todo; quien no termina libros no termina proyectos ni cursos ni...».

Sé que ahora me estoy arriesgando a cabrearte y puede que estés pensando en cerrar el libro. Mi intención no es esa, sino jugar con tu mente y hacerte ver que, dependiendo de la programación que haya en ella, harás una cosa u otra. Hay quien al finalizar este párrafo dirá: «Uy, yo no termino de leer los libros que no quiero, los que me aburren, porque si algo no me gusta no lo leo, pero yo acabo otras cosas; eso que dices no es cierto. ¡Esta quién se habrá creído que es...!». Sin embargo, habrá otras personas que dirán: «Uy, tiene razón y eso se va a acabar ahora mismo, este libro lo termino yo como que me llamo...».

Si estás en este último grupo, te doy la enhorabuena de nuevo, porque aquí sigues. Este libro está hecho justo para ti, para personas como tú, que quieren ser desafiadas porque saben que eso las ayudará a crecer; personas como tú, que reconocen sus puntos débiles, pero también los fuertes; personas que saben que hay una manera mejor de vivir y no se quieren conformar con la que tienen ahora; personas que no se rinden y que, aunque estén pasando por un periodo de máxima oscuridad porque la vida las haya puesto al límite, están buscando respuestas a sus preguntas, ayuda para seguir, para salir del túnel, para progresar y para comprobar que lo que piensan es posible y no son meras ilusiones.

Por todo ello, te pido una última cosa: aplica lo que aprendas y no lo postergues, porque nunca será el momento perfecto para salir de tu zona de confort o, en la mayoría de casos, de *desconfort*. Si lo haces, verás resultados, si no, será imposible alcanzar lo que quieres. No existen los milagros ni puedes quedarte esperando a que las cosas cambien sin hacer nada, porque no lo harán. O sí, pero para peor.

Yo no creo en esa falsa positividad que ahora se ha puesto de moda a través de frases como «Todo es posible con café», «Al fin es viernes», «Duerme menos, sueña más», «Mi sofá y yo somos el *perfect match*», «Hoy pisamos fuerte» y un largo etcétera. No es que me disgusten, todo lo contrario, me parecen geniales y, de hecho, en algún momento he tenido fondos de pantalla así porque me han parecido divertidos o motivadores. Pero, por muchos calendarios o carcasas de teléfono que tengamos diciéndonos que después de llover sale el sol, tenemos que hacer algo, tomar las riendas de nuestra vida, descubrir lo que queremos y encender el GPS. Si no, nos resultará imposible llegar o daremos muchas más vueltas de las necesarias; nos cansaremos y la mente nos dirá aquello de «Virgencita, Virgencita, que me quede como estoy».

Por tanto, cada vez que te encuentres en la disyuntiva de hacer o no hacer, piensa en las consecuencias a largo plazo. Vivimos en la cultura del *carpe diem*, del «Vive hoy, que mañana ya veremos». El problema es que vivimos sin pensar en el futuro, pero tampoco disfrutamos del momento presente; parece que vamos en un tren de alta velocidad sin dirección, sin frenos, sin saber dónde ni cómo ni con quién viajamos.

Lo que pretendo con este libro es que aumentes la calidad de tu vida haciendo lo que te procure felicidad, que dejes de soñar y empieces a cumplir esos sueños; en resumen: que cuando termines de leerlo hayas mejorado tu vida, sea cual sea el nivel del que partas.

El poder del conocimiento y el poder de la acción

He leído cientos de libros de desarrollo personal porque me encantan y porque para mí leer es como una terapia: cuando estoy nerviosa, preocupada o pasando por un momento complicado, leo y leo. Además de leer, me encanta aprender y, para ello, acudo a cursos y eventos, aunque estén en la otra parte del mundo, porque los considero oportunidades para crecer y, sobre todo, porque tengo el firme convencimiento de que hay dos fuerzas que cambian nuestra vida: conocer y actuar.

Creo que todos hemos experimentado ese momento en el que las piezas encajan, algo hace clic y, entonces, comienza el cambio. Sin embargo, son las excusas las que hacen que no suene ese clic, porque nos mantienen en un estado de bloqueo permanente en el que no vamos hacia delante ni hacia atrás, y solo es la frustración la que va en aumento. Y, como todo en la naturaleza, lo que no está creciendo... está muriendo. Una realidad que hay que aplicar a todas las áreas de nuestra vida: las relaciones, los negocios, etc.

Si no empiezas a actuar para cambiar, piensa que esta será la vida que tendrás siempre, así, tal y como es ahora. ¿No te duele? Si tu respuesta es que no, intuyo que tampoco deseas vivir ningún cambio porque estás bien como estás, así que te felicito por ello y te invito a seguir leyendo, pues siempre se pueden aprender cosas nuevas. Y si te duele imaginar que tu vida seguirá tal y como está en el momento presente, también te felicito, porque ese dolor será el único que te dé fuerzas para cambiar y hacer con tu vida lo que quieras, no lo que otros te digan.

1.2 Un consejo para sacarle el mejor partido a este libro

Como te contaba anteriormente, llevo muchos años leyendo sobre desarrollo personal, acudiendo a eventos relacionados con el tema, formándome y, lo más importante, poniendo en práctica lo que he ido aprendiendo. Y solo entonces ha sido cuando he visto que mi vida mejoraba y que yo me sentía más plena y feliz.

Y es que la mejor forma de aprender algo es haciéndolo, así que para ver cambios en tu vida no será suficiente con solo leer este libro: tendrás que poner en práctica lo que aprendas.

A continuación te muestro el embudo de aprendizaje para que veas lo que recordarás dos semanas después de terminar de leer este libro en función de cómo hagas la lectura:

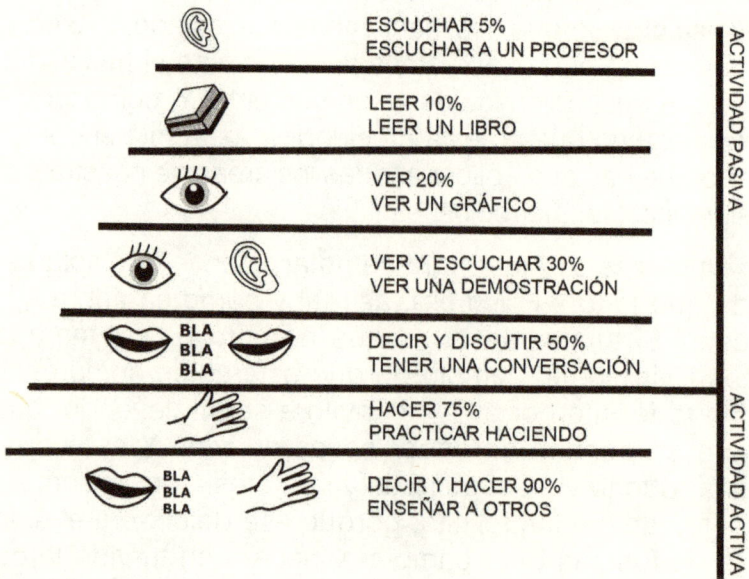

Para lograr ese cambio que buscas y sacarle partido a este libro, te propongo lo siguiente:

- Abre tu mente y permanece receptivo a que entren ideas nuevas.
- Lee este libro de forma activa: subráyalo, párate a reflexionar, haz los ejercicios...
- Complementa la lectura con los vídeos que comparto en mi web y redes sociales.
- Únete o crea un grupo de tres o cuatro personas que estén en el mismo proceso de transformación para trabajar juntos los ejercicios que te propongo. Será vuestro grupo de #ConducetuVida.
- En mi perfil de Facebook e Instagram encontrarás a personas que están pasando por un proceso de cambio como el tuyo, con las que podrás compartir tus dudas y tus avances.
- Ten disciplina y sé constante.
- Confía en ti y en la vida.
- Estate atento, porque nunca sabes cuándo pueden llegar las oportunidades y solo si estás despierto sabrás reconocerlas.

Es muy probable que durante la lectura encuentres frases que te lleguen al corazón, que te inspiren o te llamen especialmente la atención. Te animo a que las compartas en tus redes sociales para que lleguen a más personas: escríbelas o toma una foto de esa página del libro y compártela con el *hashtag* #ConducetuVida para unirte a la conversación.

Te estaré infinitamente agradecida por ayudarme a difundir este mensaje y ser parte de mi misión.

Seminario intensivo Mente Millonaria
de T. Harv Eker en Singapur.

Por favor, cuéntame:

Si encuentras y aplicas aunque sea una sola cosa positiva, me doy por satisfecha. Y te pido un favor: ayúdame a ayudar. Puedes hacerlo de muchas formas:

 Diana Henri   @dianahenri__official

 Diana Henri   Diana Henri

 @dianahenri2018   Diana Henri

¡GRACIAS DE CORAZÓN!

1.3 Un poco sobre mi historia

Me gustaría contarte algo sobre mí.

Soy la pequeña de una familia de cinco hermanos: tres chicas y dos chicos. A veces digo que llegué casi por error o por capricho del destino, ya que en aquel momento mi madre rondaba los 40 años y, en 1983, tener un hijo a esa edad no era tan común como lo es ahora.

Aunque he sido una niña muy querida y siempre muy valorada por todos los miembros de mi familia, lo que aquí te quiero contar son las experiencias difíciles que he atravesado y que me han hecho ver la vida de otro color.

La diferencia de edad con mis hermanos (mi hermana menor me saca 9 años y mi hermano mayor, 22) hizo que creciese en un ambiente de adultos, lo que, sumado a otras experiencias, hizo que madurase mucho antes de lo que por mi edad debía.

Cuando yo tenía 10 años, o incluso algo menos, mi madre vivía dedicada a sus padres. Por aquel entonces, mis abuelos maternos eran mayores y tenían bastantes achaques, así que mi madre y mi tía pasaban mucho tiempo cuidando de ellos; lo hicieron durante años, por turnos, en casa o en el hospital cuando su estado de salud empeoraba; cuidaban incluso de una hermana de mi abuelo que no tenía más familia que ellas...

Al poco de cumplir 12 años, un fuerte golpe sacudió a mi familia: una llamada al timbre nos anunció que uno de mis hermanos, el menor de los chicos, había tenido un accidente. Me estremecí de pies a cabeza cuando mi hermana me contó el desenlace de la pesadilla, pero no solo por la pérdida, sino porque de manera inmediata me vino a la cabeza una imagen: la de una amiga de mi madre que había perdido un hijo y, desde entonces, se había encerrado en casa y no salía, salvo para ir al médico o atender alguna *obligación*. Recuerdo que una vez fui de visita a su casa y, extrañada por la situación, le pregunté a mi madre: «Mamá, pero ¿por qué no sale nunca?», mi madre me respondió: «Hija, enfermó por la pérdida de su marido y de su hijo, y desde entonces ya no ha podido volver a la normalidad». Esa frase me venía una y otra vez a la cabeza, lo último que yo quería era que eso les ocurriese a mis padres.

Poco después, también recuerdo ver a mi madre tumbada en el sofá y pidiéndome que fuese a comprar porque no podía ni levantarse. Yo hacía lo que me pedía y me sentía supermayor por ir sola al supermercado, pero también me daba pánico pensar que mi madre iba a terminar como su amiga, encerrada en casa y sin salir nunca más.

Tras el accidente de mi hermano, una nube de oscuridad se ancló en el techo de nuestra casa y cubrió a toda la familia. A partir de ahí empezó un calvario de abogados y juzgados que convirtió aquel suceso tan duro en una herida abierta de por vida.

Con tan solo 12 años les dije a mis padres que cuando fuera mayor me iría a estudiar Derecho a Madrid: «Papá, estudiaré Derecho y así no tendrás que seguir contratando tanto abogado». ¿Y por qué a Madrid? No lo sé, pero el caso fue que, cuando cumplí 18 años, hice lo que le había prometido a mi padre aquel día en el coche, seis años antes.

Sin embargo, como me sentía profundamente responsable de mis padres y, tras la muerte de mi hermano, se había creado una dependencia mutua muy grande, decidí que nos fuéramos los tres a Madrid, pues yo me sentía mal por marcharme sola y dejarlos atrás. Después de pasar un feliz año conmigo en Madrid, decidieron volver a casa y dejar que yo continuara mi camino.

Por si el accidente de mi hermano no hubiera sido suficiente, unos años más tarde, en 2003, en cuestión de una semana falleció otro de mis hermanos debido a un cáncer no detectado a tiempo. Te puedes imaginar el drama familiar que aquello supuso... He de decir que me siento profundamente orgullosa de mis padres, por la fuerza que siempre han tenido para seguir luchando por nosotras y el valor que han mostrado frente a aquellos desafíos.

Mi realidad no se parecía mucho a la de una película de color de rosa, pues lo que yo vi desde pequeña fue una vida de sacrificios, de hechos trágicos; en fin, una vida dura. Fruto de la frustración, he escuchado muchas veces decir que la vida era una mierda. Sin embargo, yo elegí qué creer y qué no, y nunca llegó a calar en mí ese concepto de vida dura, amarga y llena de desgracias. Sí, hay cosas que ocurren y que por mucho que te lamentes no van a cambiar, pero, sin que te pueda explicar por qué, yo siempre pensaba que todo era posible, que había un camino mejor, que todo era cuestión de encontrarlo...

De esta forma, igual que soñaba que estudiaría Derecho, soñaba y dibujaba lo que esperaba encontrar más adelante. Mi madre siempre me recuerda que, cuando yo tenía unos 11 años, dibujé mi casa del futuro. Era una vivienda supertecnológica donde yo tenía un armario enorme con mando a distancia para abrir las puertas desde la cama, encender las luces y así elegir la ropa que quería llevar ese día (siempre me ha encantado la tecnología, los botones y los mandos a distancia); aunque no sabía dónde la construiría, porque nunca he sabido dónde quiero vivir (soy ciudadana del mundo), la situaba frente al mar. Además, en esa casa habría un invernadero para que mis padres pudiesen plantar flores y arbolitos, ya que esa es una de sus pasiones. Cuando le contaba todo esto a mi madre, ella me respondía: «¡Ahora te falta casarte con el príncipe, hija!». Yo le decía que no, ¡que la princesa era yo!

El mensaje que te quiero transmitir a través de mi historia es que tengo la profunda convicción de que todo lo que me ha pasado y he visto en mi vida y con mi familia ha sido el motivo de que hoy esté aquí escribiendo este libro.

En él te voy a descubrir qué es eso que te está saboteando y hace que no consigas alcanzar tus metas. Descubrir ese punto marcará un antes y un después en tu vida, porque, solo si sabemos lo que nos pasa, lo que nos bloquea, podremos darle solución.

Además, te hablaré de las leyes que rigen la vida (y no, no tienen nada que ver con las que yo estudié, esas que crea el Parlamento, son otras) y que tienen un efecto sobre nuestra realidad.

1.4 Todos tenemos problemas

Me he abierto a contarte mi historia personal por un sencillo motivo: quería recordarte que todos tenemos problemas. Si buscabas la manera de conseguir su total ausencia, tengo que darte la mala noticia de que no es posible vivir así.

Para ti tus problemas son los únicos y más graves del planeta, pero esta idea lo único que consigue es hacerlos aún más grandes. Te voy a poner un ejemplo para que lo entiendas mejor: imagina que entras a una oficina maravillosa, luminosa, rodeada de ventanales con vistas a la ciudad. Justo al final del pasillo hay dos compañeras de trabajo sentadas frente a sus ordenadores. De repente, en medio del silencio, las dos empiezan a recibir unos mensajitos en sus pantallas que dicen: «No conseguirás resolver el problema» y «Eres una inútil».

La compañera A trata de eliminar los mensajes, pero no hay manera, se reproducen insistentemente, una y otra vez, de manera que decide concentrarse en sus tareas e intenta que no la afecten demasiado. A pesar de que no es indiferente a ellos, decide continuar haciendo su trabajo.

Por otro lado, tenemos a la compañera B, que está recibiendo los mismos mensajes e intentando eliminarlos de manera obsesiva porque la distraen, le están comiendo la moral y afectando a su autoestima. Intenta sin cesar hacer que paren, pero no lo consigue, así que se le pasa el tiempo y ni elimina los mensajes ni termina el trabajo que tenía pendiente. Resulta que esos mensajes tan horribles la han bloqueado de tal manera que no ha podido hacer nada: no solo han provocado que no acabe sus tareas, sino que han despertado una frustración en ella que, además, va en aumento, porque, al mirar a su compañera y ver que está trabajando, piensa con rabia y dolor en la suerte que tiene por no recibir esos mensajes. Con este ejemplo, observamos que ante un mismo problema hay dos personas que deciden actuar de manera diferente.

Si alguna vez te han dicho: «Qué suerte tienes, porque yo...», este es un buen ejemplo para que nos demos cuenta de que nunca sabemos por lo que está pasando el otro y, por tanto, lo importante es que confíes en ti y sepas que, cuando tengas ese tipo de problemas, debes poner todas tus fuerzas en recuperar el control de tu mente.

Yo he creado un ritual con mi hijo que consiste en que cada noche, cuando se mete en la cama, hablamos cinco minutos —a veces se vuelve en mi contra porque, cuando no se quiere dormir, intenta que sigamos hablando otros cinco minutos y tengo que ser hábil para que no se haga muy tarde—. Esos minutos de conversación nos ayudan a sacar las cosas más importantes del día, y en ello se incluyen los problemas y las alegrías, que cada día son diferentes. Un día me cuenta que se ha enfadado con uno de sus amigos, otro que tiene miedo a dormir o a los ruidos, o que está contento porque se va de excursión, empieza una actividad nueva o viene un amigo a casa.

La finalidad de contarte esto es mostrarte que todos tenemos problemas, hasta los niños, y hay situaciones que desde tu perspectiva de adulto te pueden parecen tontas, pero que, sin embargo, antes veías como algo aterrador.

Después de todos estos años de estudio e investigación me he dado cuenta de que, más o menos, todos tenemos los mismos conflictos a lo largo de nuestra vida, y que estos están relacionados con dinero, amor, familia, trabajo, muertes, enfermedades, etc. Después, dependiendo del momento, de las experiencias y de los años, el problema será uno u otro y lo veremos de forma diferente según nuestra perspectiva.

Si piensas que una persona que tenga familia, pareja, hijos, trabajo, más dinero, casas o amigos que tú —o menos de lo que sea— no tiene problemas, estás equivocado. Todos en mayor o menor medida tenemos problemas y, por ello, lo que tienes que aprender para tener una vida feliz es a hacerte responsable de tu vida y saber que **los problemas y la vida van de la mano.**

Debes utilizar cada situación a tu favor y tener creencias que te ayuden, no que te paralicen.

Recuerda: eres tú quien cambias, no la realidad que te rodea. El problema será el mismo, aunque lo verás diferente si lo miras con 18 años o con 42. Tú has cambiado y tu percepción será diferente.

He escrito este libro porque quiero ayudarte y sé que muchas personas no están dispuestas o sencillamente no pueden pararse a ver miles de vídeos, recorrer el mundo en busca de los mejores mentores o pagar miles de euros para poder crecer personalmente. Pero yo lo he hecho, he estudiado a mucha gente, he acudido a muchos eventos de crecimiento personal y me encanta analizar los comportamientos y leer biografías de personas triunfadoras. De hecho, he dedicado mi libro *Abraza tu éxito* a analizar cómo son esas personas de éxito y en qué se diferencian de las que no lo tienen.

Toda esa investigación me ha llevado a darme cuenta de lo siguiente: los triunfadores disfrutan de la vida, no pierden el tiempo quejándose, se sienten entusiasmados, les gusta todo (y lo que no les gusta lo pasan por alto) y tienen cualidades muy especiales. Cuando estás cerca de ellos te transmiten sus ganas de vivir, su energía, y todo ello nada tiene que ver con títulos en la pared o con venir de familias adineradas, no es eso lo que los hace parecidos, sino que todos comparten las características de hacerse responsables de lo que les ocurre y de no culpar a nadie de sus problemas ni perder el tiempo victimizándose; reconocen que han cometido errores, pero no se estancan en ellos ni se autocompadecen toda su vida, sino que pasan página. Saben que no podemos deshacer lo hecho, así que sienten dolor, pero eligen no sufrir. Y no tienen una vida de color de rosa, sino que se preocupan lo justo y necesario, viven en el presente y saben que el pasado no condiciona su futuro. Son independientes, miran por su desarrollo personal y profesional, les gusta estar con la gente, pero reservan tiempo para ellos; no necesitan de nadie para saber qué es lo que quieren conseguir, sino que hacen lo que consideran que es mejor para su vida; escuchan la opinión de los demás, pero la filtran. Y no necesitan aprobación externa para actuar, ya que dan por hecho que siempre habrá un porcentaje de gente a la que no le gustará lo que hagan. Y, además, todos ellos tienen en común algo más: pasan la mayor parte del tiempo ayudando a otros, dedicados a servir, porque les encanta hacerlo.

En definitiva, los triunfadores tienen una energía que todos en algún momento hemos notado. ¿No te ha pasado que tienes un amigo o conocido que con solo tenerlo cerca o hablar con él un minuto por teléfono te transmite esa supervibración? Una persona a la que le dan igual los inviernos porque no se enferma o que si coge un constipado no le da la mínima importancia. Pero recuerda: ese tipo de personas también tiene problemas... Por otro lado, quizás tienes a ese familiar, amigo o compañero de trabajo que vive en la otra cara de la moneda: tiene la energía por los suelos y sabes que, si le preguntas cómo está, te responderá con un «Bueno...», «Cansado...», «Aburrido» o «Me duele x». Ya sabes, la alegría de la huerta.

Si tuvieras que elegir, ¿con quién querrías pasar cinco minutos de tu vida?, ¿con alguien que te motive, que te dé energía y te diga: «Problemas tenemos todos, pero vamos a sacar lo mejor de esta vida y a preocuparnos cuando nos tengamos que preocupar, pero sin fustigarnos» o preferirías a alguien que se victimizara y te dijera: «Si es que vaya vida de mierda...», «Qué dura es la vida», «Estoy muy cansado», «Me duele x», «Estoy solo, sin pareja, y además mi jefe es un capullo y no me gusta mi trabajo»?

Te soy honesta: si eliges la segunda opción, ha sido un placer, pero me temo que no te voy a poder ayudar. Ahora bien, si eliges ser como esa primera persona, siéntate y agárrate fuerte porque, como se dice, ¡vienen curvas! Esto solo acaba de empezar...

A partir de ahora tendrás la llave para ser el conductor de tu vida.

A lo largo de este libro te voy a desvelar los grandes secretos para tener niveles altos de energía, conseguir lo que quieres, ser esa persona que te gustaría ser, vivir al cien por cien y recuperar la ilusión de cuando eras niño, la que has ido eliminando y perdiendo por diversas circunstancias. Te mostraré cómo recuperar tu autenticidad y esa felicidad que todos tenemos por el mero hecho de nacer, y que vamos enterrando según crecemos hasta que ya no sabemos ni dónde está.

Sé perfectamente cómo te sientes porque todos tenemos los mismos problemas: amor, salud, familia, trabajo, dinero... Sin embargo, tienes en tus manos el poder para desenterrar esa felicidad que llevas dentro. Y voy a ayudarte a encontrarla, porque no me dedico a escribir por entretenimiento, sino porque siento el deber de compartir lo que he aprendido, porque hay una mejor manera de vivir y te la quiero enseñar. Así que te pido un favor: no creas todo lo que te digo, compruébalo, hazlo y aplícalo. Estoy segura de que te funcionará igual que lo hizo conmigo y con todas las personas a las que he ayudado.

Tú eres mi propósito: quiero que seas esa persona que quiere vivir, que se enfrenta a la vida con una sonrisa, que sabe que experimentará dolor, pero que el sufrimiento es voluntario y que el tiempo no es infinito, así que vive el presente al máximo.

Tú puedes ser esa persona porque naciste así y has tomado la decisión de leer este libro en busca de ayuda para volver a ser tú mismo, para encontrar tu yo auténtico. No puedo estar más feliz de que hayas tomado esa determinación y me encantará acompañarte en este camino, así que ¡allá vamos!

Capítulo 1: Una oportunidad para crecer

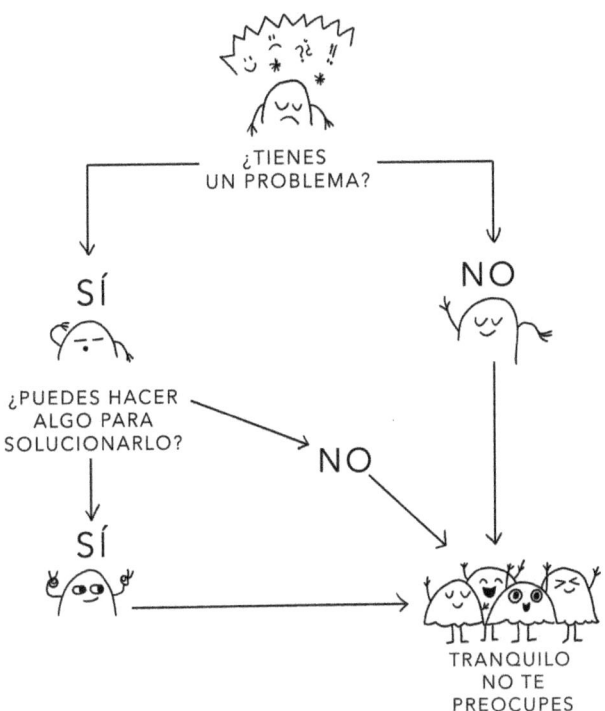

TODO DEPENDE DE TUS CREENCIAS

El **objetivo de este libro** es pasar de donde estás ahora a donde quieres estar. Y conseguirlo depende de ti y de tus creencias.

A medida que avances con la lectura y vayas haciéndote consciente de lo que ocurre en tu vida y por qué, puede que sientas cierto pavor. ¿Sabes por qué? Porque, cuando ves lo que eres capaz de crear con tus pensamientos, te entra mucho vértigo. Así que no tengas prisa, emprende el camino y tómate tu tiempo para procesar e integrar todo lo que vayas descubriendo.

«Cuando el alumno está preparado, aparece el maestro».
Antiguo proverbio zen

2.1 Conoce tus creencias y cambiarás tu vida

¿Te has planteado alguna vez por qué ante una misma circunstancia unas personas responden de una manera y otras, de otra completamente distinta? Tiene que ver con las creencias, pero... ¿qué son las creencias?

Una creencia es una idea o pensamiento que se asume como verdadero, un estado de la mente en el que un individuo supone como verdadero el conocimiento o la experiencia que tiene acerca de un suceso o cosa. Básicamente, creer significa dar por cierto algo, sin poseer evidencias de ello.

Una creencia es el sentimiento de estar convencido de algo y pensar que es verdadero. Las creencias también son afirmaciones que nos decimos a nosotros mismos o a los demás dando por hecho que son verdades absolutas.

«Tanto si crees que puedes como si no, estás en lo correcto».

Henry Ford

No elegimos conscientemente nuestras creencias, sino que se basan en la interpretación que hicimos de determinadas experiencias en nuestro pasado. Esas interpretaciones o creencias son las que dirigen tu vida, te impulsan a actuar de una u otra forma sin que, en el fondo, sepas por qué, y condicionan tu presente y tu futuro.

Así pues, nuestros pensamientos son la llave maestra de todo, y con ellos creamos nuestra realidad. Qué poder, ¿verdad? Por ello, para cambiar tu realidad debes cambiar tus creencias y pensamientos, pues son los que están configurando tu vida.

Tipos de creencias:

Existen dos tipos básicos de creencias: las limitantes y las empoderadoras.

1. **Creencias limitantes**.
   Son esas creencias o ese sentimiento de verdad absoluta que tienes sobre ti mismo y que limita tu desarrollo como persona y te impide conseguir aquello que deseas.

Algunos ejemplos de este tipo de creencias son: «Soy demasiado viejo», «Es muy difícil triunfar hoy en día en mi sector», «No soy atractivo», «No soy capaz», «No tengo los recursos», «No puedo hacerlo porque no tengo estudios sobre ello».

Si, a grandes rasgos, lo que prevalece en tu vida son creencias de este calibre, estarás obstaculizando tu crecimiento y desarrollo y, por tanto, limitando tu felicidad.

En la mayoría de los casos, no somos conscientes de nuestras creencias limitantes, lo que hace que sea más difícil cambiarlas o eliminarlas, ya que no podemos modificar algo que ni siquiera sabemos que existe. Y es que no te levantas una mañana y dices: «¡Hoy voy a cambiar una de mis creencias limitantes!».

Así pues, la finalidad de explicarte todo esto es que tomes conciencia de ello para que puedas transformar tu comportamiento.

Recuerda: las creencias limitantes te impiden vivir la vida que deseas. Y **solo si sabes lo que te limita, podrás actuar para cambiarlo.**

> «Tus creencias se convierten en tus pensamientos,
> tus pensamientos se convierten en tus palabras,
> tus palabras se convierten en tus actos,
> tus actos se convierten en tus hábitos,
> tus hábitos se convierten en tus valores,
> tus valores se convierten en tu destino».
>
> Mahatma Gandhi

¿Debes cambiar tus creencias limitantes?

Solo cambia quien quiere cambiar, y solo debes cambiar si estás obteniendo unos resultados que no te gustan. Porque solo la insatisfacción provocará ese cambio que anhelas con el que obtendrás los resultados que deseas en tu vida. Así que, si tus creencias te están dando unos frutos con los que estás satisfecho, te animo a que sigas con ellas.

Recuerda: tus creencias no son verdades absolutas, así que sé humilde y asume que son solo tu interpretación de la realidad.

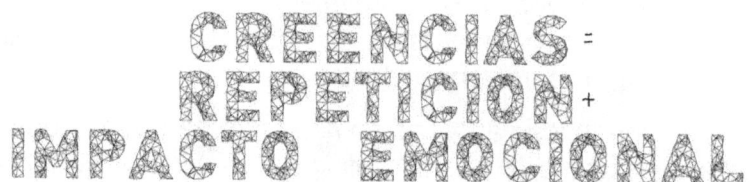

Tus creencias se forman por repetición o por un alto impacto emocional. Por ejemplo, si tú has oído hasta la saciedad desde que eras pequeño que eres feo o que eres una persona muy torpe, incorporarás a tu vida esa idea, bien sea por haberte repetido esto en tu mente, o bien por el resultado de algo que experimentaste; en consecuencia, esa será la realidad que vivirás. Y de la misma forma ocurre con las creencias positivas: si has incorporado como creencia que la vida es maravillosa, que puedes conseguir todo lo que te propongas, eso será lo que ocurra.

Para explicarte esto te voy a contar una pequeña anécdota que, además, viene a colación de tener cuidado con lo que te repites, lo que te dices o te dicen.

Como te contaba anteriormente, mi madre se quedó embarazada con 40 años. Aunque ahora eso es algo muy habitual (las que tenemos hijos cerca de los treinta somos las raras), por aquel entonces no lo era. Mi madre cuenta que cuando se enteró estuvo una semana llorando del disgusto, pero, después, como mujer religiosa que es, confió en Dios y en que todo iría bien. Sus preocupaciones en aquel momento eran dos: el miedo al qué dirán y el deseo de que todo saliese bien y yo no viniese con ningún problema. A los propios miedos de mi madre se sumaban los de la gente con la que hablaba. Por ejemplo, una conocida le hizo el siguiente comentario: «Ten garantizado que, con la edad que tienes, la criatura vendrá deficiente, así que estad preparados para ello». El caso fue que yo nací perfectamente, muy sana y sin ningún problema; en cambio, la mujer que le hizo aquel comentario a mi madre años más tarde tuvo su segundo hijo y este nació con problemas. A veces la vida nos sorprende y no sabemos lo que nos pasará en el futuro, pero, si podemos evitarle dolor a alguien, ¿por qué no hacerlo?

Aunque aquel comentario para mi madre fue un ataque directo al corazón, tuvo otros muy positivos que la acompañaron. Por supuesto, mis hermanos mayores y mi padre le repetían que todo iba a salir bien, pero hubo otra persona que creó en mi madre un alto impacto emocional y, por tanto, una creencia que me repetía y repetía hasta que se forjase en mí: fue el doctor que la ayudó a dar a luz.

Quien haya tenido un hijo sabe la carga emocional que supone el momento de su nacimiento. Mi madre cuenta que cuando llegué al mundo le preguntó al médico: «¿Está bien?», a lo que el médico respondió: «Señora, esta niña está perfecta y va a ser muy inteligente, conseguirá lo que quiera en la vida». Como en aquella época no dejaban pasar al padre a la sala de parto, mi madre le trasladó aquella creencia a mi padre y ¡*voilà*!: el fuerte impacto emocional de ver nacer a tu hija, unido a la esperanza que mantuvo durante nueve meses de que todo saldría bien y a las palabras del doctor crearon un fuerte impacto en ella. Mis padres tomaron aquella afirmación como un dogma y me lo transmitieron a mí.

No recuerdo haber escuchado ni una sola vez a mis padres decirme «Eso no lo vas a conseguir» o «Tú no vales para eso», sino todo lo contrario: ante cualquier idea, ilusión u obstáculo, la respuesta era siempre la misma: «Conseguirás todo lo que quieras, cariño, como si quieres ser presidenta del Gobierno, ya lo dijo el doctor...». Mis padres, aun disponiendo de menos conocimientos de los que nosotros tenemos hoy en día, lo hicieron muy bien porque instauraron en nuestro *software* creencias empoderadoras. Así que yo, de manera inconsciente antes y consciente ahora, comencé a creer en ello, y esa creencia de mis padres forjó en mí una actitud de confianza ante los desafíos.

Te cuento esto para que veas la importancia que un simple comentario escuchado cuando somos pequeños puede tener el resto de nuestra vida. Y para dejar claro que, por supuesto, la inteligencia no se mide por el número de títulos que tengamos colgados en la pared. **El grado de inteligencia te lo va a dar el hecho de elegir tus creencias, el vivir feliz a pesar de los obstáculos y el evitar todo lo que te haga infeliz.**

Así pues, **no midas la felicidad ni la inteligencia por lo que otros te digan**: coge los comentarios a tu favor, solo los que te ayuden a sumar y no los que te resten.

Hay un cuento de Jorge Bucay que refleja claramente que todos hemos sido un poco víctimas de nuestras creencias:

Cuando yo era pequeño me encantaban los circos, y lo que más me gustaba de los circos eran los animales. Me llamaba especialmente la atención el elefante, que, como más tarde supe, era también el animal preferido por otros niños. Durante la función, la enorme bestia hacía gala de un peso, un tamaño y una fuerza descomunales... Pero después de su actuación y hasta poco antes de volver al escenario, el elefante siempre permanecía atado a una pequeña estaca clavada en el suelo con una cadena que aprisionaba una de sus patas.

Sin embargo, la estaca era solo un minúsculo pedazo de madera apenas enterrado unos centímetros en el suelo. Y, aunque la cadena era gruesa y poderosa, me parecía obvio que un animal capaz de arrancar un árbol de cuajo con su fuerza podría liberarse con facilidad de la estaca y huir.

El misterio sigue pareciéndome evidente. ¿Qué lo sujeta entonces? ¿Por qué no huye?

Cuando tenía cinco o seis años, yo todavía confiaba en la sabiduría de los mayores. Pregunté entonces a un maestro, un padre o un tío, por el misterio del elefante. Alguno de ellos me explicó que el elefante no se escapaba porque estaba amaestrado.

Hice entonces la pregunta obvia: «Si está amaestrado, ¿por qué lo encadenan?».

Capítulo 2: Todo depende de tus creencias

No recuerdo haber recibido ninguna respuesta coherente. Con el tiempo, olvidé el misterio del elefante y la estaca, y solo lo recordaba cuando me encontraba con otros que también se habían hecho esa pregunta alguna vez.

Hace algunos años, descubrí que, por suerte para mí, alguien había sido lo suficientemente sabio como para encontrar la respuesta: «El elefante del circo no escapa porque ha estado atado a una estaca parecida desde que era muy muy pequeño».

Cerré los ojos e imaginé al indefenso elefante recién nacido sujeto a la estaca. Estoy seguro de que, en aquel momento, el elefantito empujó, tiró y sudó tratando de soltarse. Y, a pesar de sus esfuerzos, no lo consiguió, porque aquella estaca era demasiado dura para él.

Imaginé que se dormía agotado y que al día siguiente lo volvía a intentar, y al otro día, y al otro... Hasta que un día, un día terrible para su historia, el animal aceptó su impotencia y se resignó a su destino.

Ese elefante enorme y poderoso que vemos en el circo no escapa porque, pobre, cree que no puede.

Tiene grabado el recuerdo de la impotencia que sintió poco después de nacer. Y lo peor es que jamás se ha vuelto a cuestionar seriamente ese recuerdo. Jamás, jamás intentó volver a poner a prueba su fuerza...

Todos somos un poco como el elefante del circo: vamos por el mundo atados a cientos de estacas que nos restan libertad. Vivimos pensando que no podemos hacer montones de cosas, simplemente porque una vez, hace tiempo, cuando éramos pequeños, lo intentamos y no lo conseguimos. Hicimos entonces lo mismo que el elefante y grabamos en nuestra memoria este mensaje: «No puedo, no puedo y nunca podré».

Cuidado con las creencias que circulan a tu alrededor, cuidado con lo que ves y escuchas, filtra las noticias que quieres que entren en tu mente. Tienes que hacerte consciente de cómo es tu entorno y las personas con las que te relacionas, ya que es fundamental para poder identificar y cambiar tus creencias limitantes. De esta forma, si cuentas con el apoyo de los que te rodean, será perfecto, porque tendrás más ayuda para realizar la transformación, pero, si no, inclúyelo en la ecuación del cambio.

Como ves, una tiene la opción de rendirse debido a su edad y la otra quiere aprovechar el momento.

2. **Creencias empoderadoras**
Todo lo que haces es resultado de tus creencias, todas tus decisiones están determinadas por ellas.

Ante un mismo pasado, hay quien se frena y limita y hay quien se empodera. Mi misión con este libro es que te empoderes, que te des cuenta de que tus creencias no han sido creadas conscientemente y que puede que la interpretación que hayas hecho de una situación no sea la más acertada o conveniente para ti. Así que lo que quiero es que escojas lo que te dices y lo que crees para que te ayude a expandirte y no a limitarte.

Un ejemplo muy curioso es el de los medicamentos: los científicos han probado que las creencias afectan a nuestro sistema inmunológico. **Una creencia puede hacernos sentir sanos o enfermos.**

En el libro *Cómo cambiar creencias* con la *PNL*[1], Robert Dilts cuenta lo siguiente:

En la historia de la medicina tenemos una muy interesante demostración del poder de las creencias: los placebos.

El efecto placebo se refiere al hecho de que algunas personas que creen que están recibiendo medicación para su enfermedad mejoran, o incluso se curan, cuando en realidad lo que están tomando no es ninguna medicina ni tiene efecto terapéutico alguno sobre su dolencia. Realmente es un campo atrayente para el investigador.

Me ocupé de los placebos por primera vez hace ya unos doce años, realizando una investigación para Grinder y Bandler, que entonces estaban interesados en comercializar placebos. Los iban a vender en tarros etiquetados así: «PLACEBOS», y querían recopilar todas las investigaciones efectuadas para incluirlas en un librito que iría junto al tarro de placebos.

Las investigaciones realizadas sobre los placebos suman volúmenes y volúmenes (en Estados Unidos todos los medicamentos deben ser comprobados junto a un placebo). El resultado de estas investigaciones muestra que aproximadamente un tercio de todas las veces —de hecho, más de un tercio— el placebo es tan efectivo como el medicamento real. Esta es la media, aunque en algunos estudios los placebos han sido tan efectivos como la morfina, por ejemplo, en un 54 % de los casos.

Un investigador incluso realizó el experimento a la inversa. Tomó personas que respondían a los placebos y a otras que generalmente no lo hacían y les administró medicamentos reales. Se trataba de medicamentos para el dolor, entre ellos, morfina. El resultado mostró que quienes normalmente respondían a los placebos lo hicieron ante la morfina en un 95 % de los casos. Sin embargo, la morfina solo resultó efectiva en un 46 % de las personas que usualmente no reaccionaban ante los placebos. Esta diferencia de aproximadamente un 50 % nos muestra que, en algunas ocasiones, para que puedan causar efecto, incluso los verdaderos medicamentos necesitan que se crea en ellos.

---

1. Robert Dilts, Cómo cambiar creencias con la PNL, Editorial Sirio, 2013.

Si te preguntase si tienes el control sobre tus acciones, seguramente me dirías que sí, que controlas todo lo que haces y tus emociones. Pero la realidad es que no es así. Según confirman diversos estudios, el 95 % de nuestros actos proviene del subconsciente, por lo que solo el 5 % de ellos proceden de la mente consciente. El porcentaje es tan alto que me parece increíble que sepamos o nos enseñen tan poco de ello. Lamentablemente, la mente subconsciente es un misterio para muchos y, sin embargo, es la que controla el 95 % de las situaciones diarias de nuestra vida.

Josep Murphy dice lo siguiente: «Su mente subconsciente tiene las respuestas para todos los problemas. Si usted sugiere a su subconsciente antes de irse a dormir: "Yo quiero despertarme a las seis de la mañana", usted despertará a esa hora exactamente. Esto lo he repetido en varios de mis libros e insisto en ello por la eficiencia en su aplicación».

Tu subconsciente puede ser tu peor enemigo: si actúas, pero no cambias tu pensamiento, volverás a repetir esa situación. Porque, si no atacas la raíz de tu creencia, verás llegar a ti el mismo resultado una y otra vez, hasta que la vida se encargue de subir tanto el volumen que lo oigas claramente y entonces estalles.

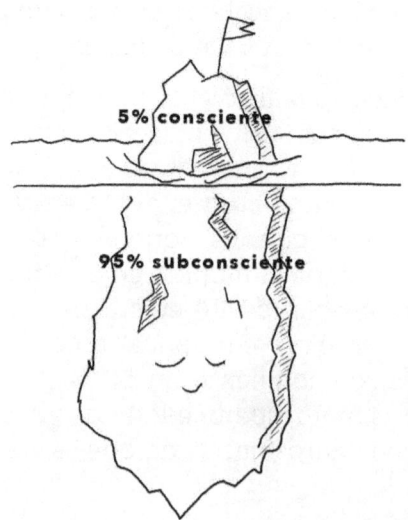

> «Lo que sembramos en nuestra mente subconsciente
> y nutrimos con la repetición y la emoción,
> un día se convertirá en una realidad.
>
> Earl Nightingale

Nuestro objetivo debe ser reprogramar el subconsciente para que trabaje para nuestro consciente. No te digo que sea fácil, pero es posible. Para conseguirlo, necesitas ser disciplinado y constante en el largo plazo, además de lo siguiente:

- Descubre cuál es el programa de tu subconsciente.
- Pregúntate por qué piensas así. ¿De qué te quiere proteger esa manera de pensar? ¿Qué precio estás pagando por esa creencia?
- Cuida tus palabras y explica con detalle lo que quieres. Sustituye la antigua creencia por la nueva, aunque al principio no te la creas: integrarla es cuestión de repetición.
- Imita a esa persona que tiene esa creencia que tú quieres adquirir: ¿qué hace?, ¿qué se dice?

También es muy importante seleccionar lo que ves. Recuerdo que hace unos años vivía ultrainformada, me leía todos los periódicos locales y de mi ciudad natal, además de los económicos y alguno extranjero. Sin embargo, escuché a uno de mis mentores decir que debíamos hacer una «dieta de noticias», es decir, dejar de consumir tanta mala noticia.

Obviamente, estar informado es importante, pero hoy en día parece que estamos más interesados por lo malo que por lo bueno. ¿Te has fijado en que puedes ver la misma mala noticia en el desayuno, la comida, la merienda y la cena? No quiero que ignores la realidad, pero tampoco que alimentes tu subconsciente con desgracias. Y tranquilo, porque, aunque no veas las noticias e intentes desconectar de las desgracias, si ocurre algo importante, te va a llegar por otros medios, aunque no quieras.

En mi casa, hace algunos años que he dejado casi por completo de ver la televisión, es más, cuando me hablan de algún programa o de un personaje de la actualidad, casi siempre contesto lo mismo: «Si no sale en Clan, en otro canal infantil o en una peli de dibujos, no lo he visto».

El subconsciente no sabe distinguir lo que es real de lo que no lo es.

Como dice Napoleon Hill en su libro *Piense y hágase rico*[2] , no puedes controlar la mente subconsciente completamente, pero sí le puedes dar un plan, un deseo. Además, Hill le da mucha importancia a la autosugestión.

¿Qué es la autosugestión? La autosugestión es una técnica psicológica mediante la cual un individuo guía a su subconsciente para creer algo o fijar determinadas asociaciones mentales, generalmente con un propósito específico. Napoleón Hill lo define de una manera más simple y nos dice que la autosugestión no es más que una serie de palabras o frases que se repiten constantemente una y otra vez con el objetivo de cambiar tu percepción mental a un nivel subconsciente. Ahora bien, esas palabras o frases solo entrarán en tu subconsciente si van unidas a emociones o sentimientos.

Tus creencias te empoderan

Llegados a este punto, debes saber que puedes alimentar a tu subconsciente, pero prestando atención a con qué lo alimentas, porque, si lo que te repites es «No puedo» o «Soy incapaz», el resultado será muy negativo. De ahí la importancia de saber qué quieres, qué es eso que deseas fervientemente.

Te puedo decir que esta es mi divina obsesión: quiero que llenes tu subconsciente de pensamientos que te empoderen, de tal modo que te vuelvas poderoso. No te puedes imaginar cómo he soñado, deseado, imaginado y visualizado este momento en

---

2. Napoleon Hill, Piense y hágase rico, Ediciones Obelisco, 2012.

el que tú estás leyendo este libro y te está ayudando. Cada vez que recibo un mensaje de alguien a través de mi web o mis redes sociales diciéndome cuánto le ha ayudado esto que estás leyendo, me lleno de energía para continuar expandiendo esta información que debe estar al alcance de todos.

Te decía anteriormente que forjamos creencias mediante la repetición y el impacto emocional, aun cuando ni siquiera lo que imaginamos ha ocurrido. Por tanto, imagínate lo que quieres conseguir tan claramente como si ya se hubiese cumplido, y repite esta imagen en tu cerebro tantas veces como te sea posible a lo largo del día. Tu cerebro no puede distinguir entre tu imaginación y lo vivido realmente.

Si quieres llevar tu vida a otro nivel, tienes que manejar la llave de tus creencias y pensamientos, manteniéndolos y enfocándolos en tus objetivos. Cree en lo que te beneficie, cree en que es posible lo que quieres, cree que ya lo tienes.

Recuerda el famoso «Fake it until you make it»:

- Actúa como si ya fueras.
- Habla como si ya lo tuvieses.
- Si quieres cambiar tu vida y llevarla a otro nivel, visualiza tu objetivo, visualiza esos cambios y sé concreto en lo que quieres conseguir. ¿Quieres cambiar de casa? Imagínate dónde quieres vivir, ponle todos los detalles.

Piensa que nuestra mente crea imágenes de manera automática: si tu amigo viene y te dice que se ha comprado un Porsche descapotable rojo y lo tiene aparcado en su casa, inmediatamente tu cerebro creará esa imagen del coche, del color, de tu amigo dentro y de cómo está aparcado en su garaje. Por ello, cuando te digo que te imagines algo, es como si te dijese que empieces a crear imágenes de lo que quieres conseguir.

Antes de finalizar este capítulo veremos ejemplos de creencias que te empoderan. Pero antes me gustaría darte un par de indicaciones importantes.

2.2 No te tomes nada a nivel personal

Sea lo que sea lo que ocurra a tu alrededor, no te tomes nada a nivel personal. Piensa que nada de lo que hacen otras personas es por ti, sino que son tus creencias las que hacen que lo vivas como algo en tu contra. Eso puede desencadenar una pelea en la que salgan a relucir diferentes sentimientos y donde pongas todo tu empeño en tener razón.

Cuando una persona te hace daño, piensa que esa persona no está siendo consciente de ello porque también es víctima de sus creencias. Aunque es normal que su comportamiento te cause dolor, ten en cuenta que te harás más daño a ti mismo si te lo tomas como algo personal.

Hace un tiempo vi un vídeo en YouTube que hablaba de la manera de reaccionar ante una situación negativa o cuando alguien se enfrenta a ti. En el vídeo un cliente se subía a un taxi y el coche de delante frenaba bruscamente, provocando que el coche del taxista casi se chocara con él:

—¿Estás loco! —gritó el conductor de delante, bajándose del coche.

El conductor del taxi mantuvo la calma y sonrió.

—¿Cómo puede mantener la calma ante todas las barbaridades que le está diciendo? Y, además, cuando ha sido él quien ha frenado bruscamente... —le preguntó el cliente al taxista.

—Permítame que le diga algo —respondió el taxista—: las personas somos como camiones de basura. Hay personas a nuestro alrededor llenas de enfado, de frustraciones, de rabia, de odio... Y cuando todas esas emociones llenan el camión, necesitamos descargarlas, y a veces nos tocará recibirlas. Pero lo más importante es que no lo tomemos como algo personal contra nosotros, solo tenemos que sonreír, mantener la calma y continuar nuestro camino. Es su camión, no el nuestro, así que no dejemos que la basura de otros nos ensucie. Simplemente, deseémosles lo mejor y sigamos adelante.

La vida es resultado del 10 % de lo que haces y del 90 % de cómo reaccionas.

No eres responsable de lo que otro diga o haga, solo eres responsable de ti. Decir esto es fácil y hacerlo puede resultar más difícil, pero teniéndolo presente llegará un momento en que tu actitud cambie, y eso es lo que estás buscando.

Integra este aprendizaje y verás la magia aparecer en tu vida, porque te darás cuenta de que nadie puede herirte. Si te han herido, es hora de que empieces a curar el pasado: ámate, esa es la base principal para que todo te vaya bien. Trátate con cariño y amor.

2.3 Aplica el derecho de admisión en tu mente: tú sí, tú no

Desde pequeños, nos educan a partir de un sistema de premios y castigos. Cuando recibíamos el premio nos sentíamos genial, pero cuando recibíamos el castigo..., en fin, no hace falta describirlo. Desde ese entonces, aprendimos, como es normal, a evitar el dolor —el castigo— para conseguir el premio de los demás en el colegio, en casa, con los abuelos...

Y así es como se forjan las creencias: en ese momento en que renunciamos a nuestra naturalidad y a ser nosotros mismos en favor de obedecer lo que los adultos de nuestro alrededor nos indiquen: «Esto sí», «Esto no».

Ahora bien, el problema viene cuando haces eso mismo ahora, como adulto, y te castigas según tu sistema de creencias. El juez —tu mente— está contigo cada minuto de cada día y, ante cualquier cosa, te va indicando: «Esto sí», «Esto no», «Eres magnífico», «Eres lo peor», «Qué inteligente», «Qué tonto», «Qué guapo», «Qué feo»...

«Para entenderlo todo, es necesario olvidarlo todo».

Buda

Si tú no controlas tu mente, ¿quién la está controlando por ti?
- ¿La sociedad?
- ¿Tu familia?
- ¿Tus amigos?

Solo tú puedes controlar tu mente, nadie puede meterse dentro de tu cabeza y pensar o sentir como tú. Es tu cerebro y tú lo usas a tu conveniencia.

Ir en contra del juez de nuestra mente requiere de mucho valor, porque implica darnos cuenta de nuestras propias creencias y enfrentarnos a ellas. Sin embargo, para ser feliz tienes que aprender a pensar de forma diferente: modifica tus pensamientos y modificarás tu vida, está cien por cien garantizado.

Como estás acostumbrado a pensar de una determinada manera, debes poner un guardia de seguridad en la entrada de tu cerebro para que haga criba: «Tú sí cumples, puedes entrar», «Tú no, te quedas fuera».

Al principio hacer esto requiere de mucho trabajo, por lo que es un desgaste de energía increíble. Ahora bien, si quieres llevarlo a cabo y conseguir que esas creencias limitantes no te paralicen, debes eliminarlas. Para ello, tienes que hacer lo mismo que hiciste para consolidar las creencias negativas: recorrer todo ese camino hacia atrás y repetirte hasta la saciedad que tu mente te pertenece y tú controlas tus propios pensamientos.

La fórmula es la siguiente: si quieres cambiar tus resultados, cambia tus creencias.

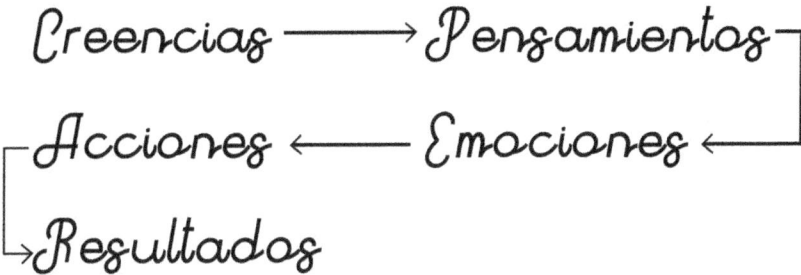

Conclusión: cambia tus creencias y cambiarás tus resultados.

Tú eliges, tú escoges, tú decides

Ante cualquier hecho, nosotros elegimos cómo sentirnos. Hemos crecido en una sociedad en la que nos dicen que no somos responsables de nuestras reacciones o de sentirnos de una determinada manera, pero todo eso no es verdad.

Antes de actuar, decide quién eres realmente. Tú eres la suma de tus decisiones, de quién crees que eres, de tus etiquetas, pero... ¿sabes realmente quién eres? ¿Eres quien eres o quien los demás creen que eres? No es un trabalenguas, es la realidad, porque muchas personas viven encerradas en definiciones del tipo...

- «Soy malo jugando al fútbol».
- «Soy pésimo con los números».
- «Soy tímido».
- «Soy desorganizado».
- «Soy un irresponsable».
- «Soy lo peor».

Un día estaba en casa con mi hijo y con un amigo suyo cuando oigo que este le dice: «Es que tú eres bueno en ese juego de carreras de la videoconsola, pero yo soy malo». Mi hijo le respondió: «Ya, es que soy muy bueno». Esa frase hizo que saltara la alarma de humos en mi cabeza, aquello me cayó como un jarro de agua fría, así que fui al salón y les dije: «Chicos, aquí nadie es malo en nada, es cuestión de práctica; tú, simplemente, has practicado menos que mi hijo».

Entonces, si queremos ser buenos en algo, ¿qué hay que hacer? Practicar, practicar y practicar. Y esto se ha convertido en un mantra en mi casa.

Cualquier creencia que te impida crecer, hay que eliminarla inmediatamente, porque mientras sigamos escudándonos en ese «Yo soy...» tendremos la excusa perfecta para no cambiar, ya que lo utilizamos para justificarnos y evitar el duro trabajo que supone hacerlo.

Y esto es un círculo vicioso: cuanto más te lo repites, más refuerzas ese comportamiento... Así que, ya que te dices algo, dite algo bonito y que te ayude a crecer.

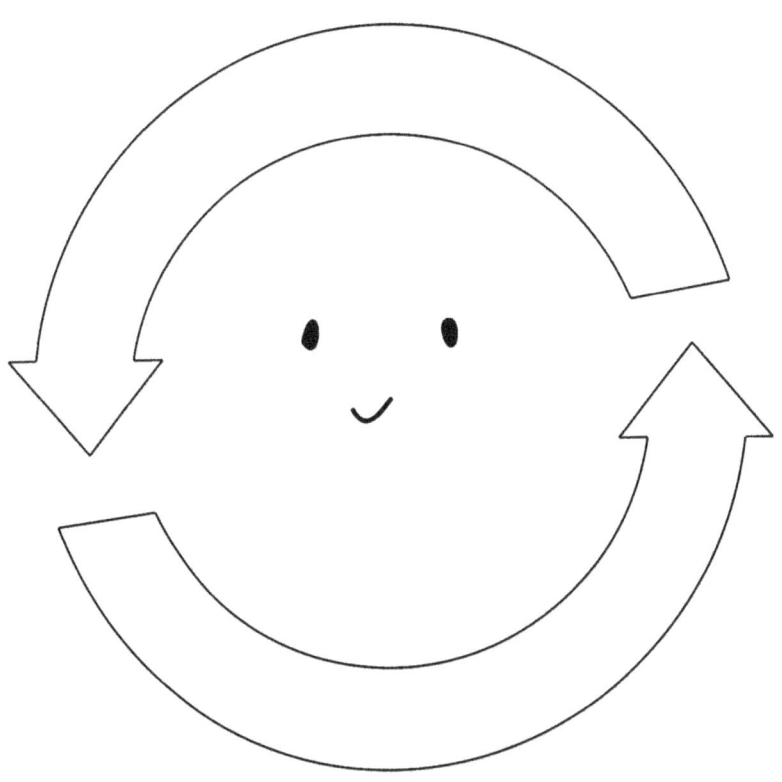

2.4 Elige creencias que te empoderen

Si tienes que elegir, elige lo que te beneficie. Como en la vida todo depende de nuestras creencias, elijamos aquellas que nos hagan vivir felices. Escoge las creencias que te expandan: si decidimos ser felices eso será lo que seamos, si optamos por la tristeza eso será lo que consigamos.

Si nos ponemos muy filosóficos, hemos de reconocer que no sabemos cuán verdadera o falsa es una creencia, pero, honestamente, a estas alturas de la película a mí eso me preocupa cero, y a ti cuando termines este libro te preocupará igual o menos. Porque lo único que te tiene que importar es si esa creencia te ayuda a crecer, a ti y a otros, si te permite tener una vida mejor, sentirte más seguro, ser mejor persona...

A continuación te presento ejemplos de algunas creencias que te empoderan, para que te hagas consciente de ellas y las empieces a introducir en tu programación mental.

Todo ocurre por algo.

Después de leer muchas biografías de personas con éxito, me he dado cuenta de que todas tienen un denominador común: piensan que todos los desafíos de su vida les han dado algún beneficio al final del camino.

Las maneras que tenemos de reaccionar ante algo son casi infinitas, pero el creer que todo ocurre por una razón y que siempre es para mejor te hace ver una oportunidad en cada desafío. Creo que todos conocemos historias de personas que perdieron un avión y eso les salvó la vida, que no obtuvieron un crédito para comprar esa casa que tanto querían y después la promotora quebró, o que montaron un negocio, dedicando para ello mucho tiempo y dinero, que fracasó, pero del que nació la idea y oportunidad para iniciar otro que después les dio el salto al éxito. A continuación te muestro algunos ejemplos:

En primer lugar, te presento el discurso «¿Cómo te pueden echar de la empresa que tú has creado?» de Steve Jobs, creador de Apple, en la Universidad de Stanford en el 2005:

Mientras Apple crecía contratamos a alguien que yo creía muy capacitado para llevar la compañía junto a mí, y durante el primer año, más o menos, las cosas fueron bien. Luego nuestra perspectiva del futuro comenzó a ser distinta y finalmente nos apartamos completamente. Cuando eso pasó, nuestra junta directiva se puso de su parte, así que a los 30 años yo estaba fuera. Y de forma muy notoria.

Lo que había sido el centro de toda mi vida adulta se había ido, y aquello fue devastador. Realmente no supe qué hacer durante algunos meses. Sentía que había dado de lado a la anterior generación de emprendedores, que había soltado el testigo en el momento en que me lo pasaban. Me reuní con David Packard [de HP] y Bob Noyce [de Intel] e intenté disculparme por haberlo fastidiado tanto. Fue un fracaso muy notorio, e incluso pensé en huir del valle [Silicon Valley].

Pero algo comenzó a abrirse paso en mí, porque aún amaba lo que hacía. El resultado de los acontecimientos en Apple no había cambiado eso ni un ápice. Había sido rechazado, pero aún estaba enamorado. Así que decidí comenzar de nuevo.

No lo vi así entonces, pero que me echaran de Apple fue lo mejor que jamás me pudo haber pasado. Había cambiado el peso del éxito por la ligereza de ser de nuevo un principiante menos seguro de las cosas. Y eso me liberó para entrar en uno de los periodos más creativos de mi vida.

Durante los siguientes cinco años, creé una empresa llamada NeXT, otra llamada Pixar, y me enamoré de una mujer asombrosa que se convertiría después en mi esposa.

Pixar llegó a crear el primer largometraje animado por ordenador, Toy Story, y es ahora el estudio de animación más exitoso del mundo. En un notable giro de los acontecimientos, Apple compró NeXT, yo regresé a Apple y la tecnología que desarrollamos en NeXT es el corazón del actual renacimiento de Apple. Y Laurene y yo tenemos una maravillosa familia.

Estoy bastante seguro de que nada de esto habría ocurrido si no me hubieran echado de Apple. Creo que fue una medicina horrible, pero supongo que el paciente la necesitaba. A veces, la vida te da en la cabeza con un ladrillo. No perdáis la fe.

En segundo lugar, te quiero recordar el caso de Brian Acton, cofundador de WhatsApp. La compra de WhatsApp por Facebook fue una de las noticias más sonadas. Lo que quiero que sepas es que hacía no más de cinco años que Facebook se negó a dar empleo a uno de los fundadores de WhatsApp, Brian Acton, quien, después de haber estado durante más de una decena de años con Apple y Yahoo, no podía encontrar trabajo. Probó suerte en Twitter y Facebook, pero ambos le dijeron que no. Sin poder encontrar empleo, Acton, junto a su amigo y excompañero Jan Koum —a quien Facebook también había rechazado—, lanzaron WhatsApp.

Al conocer el caso de Steve Jobs, Brian Acton o Jan Koum, vemos que se necesita de mucha disciplina y control emocional para no caer en la negatividad que a menudo conduce a la inacción. Estos tres casos muestran que debemos continuar e intentar sacar algo bueno de lo malo, o al menos sacar enseñanzas de los fracasos.

Todos tenemos personas a nuestro alrededor que tienen tendencia a lo negativo. Como te dije en un inicio, yo no creo en la falsa positividad, creo en la acción. Creo en que tienes que saber qué quieres y hacerlo.

Estoy convencida de que la negatividad no ayuda ni da beneficios, pues no conozco a nadie negativo y feliz. Quizás tú eras una de esas personas, y digo *eras* porque ahora conoces las señales de alerta ante una creencia negativa y puedes dejar de serlo.

Los triunfadores ven todo como un aprendizaje.

Esta creencia deriva de la anterior y se basa en la siguiente afirmación: los triunfadores ven que si llevan a cabo una acción y no tienen los resultados que esperaban, pueden utilizarla como corrector para acercarse al resultado que buscan; digamos que corrigen la alineación.

De esta forma, si haces algo que da un resultado que no deseas, tienes que modificar las acciones que te han llevado a ese resultado y serán esos ajustes los que un día te hagan alcanzar tu objetivo.

«He fallado más de 9000 tiros en mi carrera.
He perdido casi 300 partidos. 26 veces han confiado en mí para tomar el tiro que ganaría el partido y lo he fallado.
He fracasado una y otra vez en mi vida, y por eso tengo éxito».

Michael Jordan

Hazte responsable de todo lo que te ocurra.

Esta creencia, junto con la de «Todo pasa por algo», ha estado siempre muy presente en mi vida. La primera llegó antes que la segunda, es más, diría que la creencia de hacerme responsable de todo lo que ocurre en mi vida me llegó a los 30.

Esta creencia te demuestra el grado de madurez de una persona y te permite dominar la situación, en vez de dejar que la situación te domine a ti. Debemos sentirnos libres de elegir cómo queremos sentirnos.

**Ante cualquier cosa que te ocurra,
analiza qué hubieras podido hacer mejor,
asume tu responsabilidad.**

Hacernos responsables nos empodera, ya que no buscamos culpar a nadie, sino aprender de esa situación, descubrir cómo podemos sacar algo positivo y aprender para que no vuelva a suceder.

Esto es aplicable a todas las áreas de nuestra vida. En mi caso, empecé a analizar con más detalle este punto hace unos cinco años en el trabajo, porque veía cada día que determinados compañeros echaban la culpa a los clientes de los errores: «Este cliente es tonto. Yo se lo dije, si no se enteró no es mi problema», y un largo etcétera. Sin embargo, otros compañeros, ante una negativa del cliente o una actitud brusca por su parte, se preguntaban: «¿Qué hemos hecho mal? ¿Cómo podemos solucionarlo, si se puede, o cómo podemos evitarlo o mejorarlo para que no vuelva a ocurrir?».

Echar la culpa es muy fácil cuando no quieres asumir la responsabilidad de algo que pasa en tu vida. Sin embargo, **cada instante que empleamos en culpabilizar a los demás es una pérdida de tiempo**. Por mucho que culpes al otro, o por mucha culpa que realmente tenga, lo único que consigues es encontrar razones externas para intentar mitigar tu frustración; sin embargo, eso no hará que la situación que te está haciendo infeliz cambie.

Lamentablemente, los números no son muy esperanzadores, ya que solo un 25 % de las personas asume la responsabilidad de sus sentimientos, mientras que el 75 % restante echa las culpas fuera. Así que me gustaría decirte algo y que te lo tomaras muy en serio, sin poner excusas: **nunca podrás ser feliz si sigues pensando que tú no tienes ningún control sobre lo que te ocurre y que tus emociones dependen del exterior.**

Y, por favor, no te escudes en los «Yo soy así», «Es que yo soy sensible y si me habla así...» y un largo etcétera. Recuerda que tenemos que equilibrar la sensibilidad y la inteligencia, sin volcarnos en una de ellas. Si estás leyendo esto, sé perfectamente que eres inteligente, así que deja de protegerte bajo esa falsa sensibilidad y hazte responsable de tu vida ahora mismo. Hazte responsable de todo lo que sientes, porque no eres una máquina que responde a los estímulos de otros según el botón que pulsen, sino que eres tú quien debe llevar las riendas de tu propia vida.

Connie Méndez dice en su libro *Metafísica 4 en 1*[3]:

Por lo general, el exceso de sentimiento prueba que hay falta de desarrollo de la inteligencia. Esto sin duda causará indignación en aquellas personas que se llenan la boca diciéndose «muy sentimentales». A nadie le agrada que otro descubra su falta de inteligencia, pero pueden comprobarlo. El exceso de emotividad, como todo exceso, es «malo». Es prueba de que falta lo que le haga contrapeso. El exceso de calor, por ejemplo, se equilibra con igual cantidad de frío para llevarlo a ser soportable o desa-

---

3. Conny Méndez, Metafísica 4 en 1

gradable. La inteligencia es fría. La emoción es cálida. Una gran capacidad emotiva es una cualidad magnífica y muy deseable, siempre que esté equilibrada con una igual capacidad intelectual. Esto es lo que produce los grandes artistas, pero el artista tiene su arte para volcar toda su potencia emotiva, en cambio, la persona exageradamente emotiva y con poco desarrollo intelectual vuelca toda su pasión en los seres humanos que la rodean, pretende atarlos y que cumplan su antojo.

Es tu turno

Hasta aquí hemos visto algunas de las creencias que nos ayudan a crecer y desarrollarnos. A continuación, te propongo que hagas un listado de cinco creencias que te estén limitando y atando a una situación con la que no seas feliz:

- _____
- _____
- _____
- _____
- _____

Ahora haz otro listado de cinco creencias que podrías usar en tu favor:

- _____
- _____
- _____
- _____
- _____

Recuerda que según haces una cosa las haces todas, así que, por favor, si realmente quieres ponerte en acción y mejorar tu vida, haz estos ejercicios que te voy indicando a lo largo del libro. Gracias a ellos podrás tomar conciencia de dónde estás y a dónde quieres llegar, así que no los cuestiones, simplemente hazlos y déjalos ahí, los iremos mencionando y acudiendo a ellos a lo largo de este libro.

Recuerda que estoy aquí para ayudarte a que llegues donde quieres llegar y a que consigas lo que quieras, no para entretenerte —no es ese el objetivo de este libro—, así que necesito que lo leas activamente. Y sé que te puedo ayudar porque ya lo he hecho con otras muchas personas, aunque también sé que tengo a tu mente en contra diciéndote que vivo en las nubes y que no conozco tu situación. Pero haz lo que te propongo, porque te aseguro que, si lo haces, es imposible que al terminar el libro no hayas sacado nada que te ayude. Y no porque lo diga yo, sino porque esto es una forma de vida probada y que ha llevado a muchas personas a vivir felices, que es de lo que se trata. Cada uno que elija la vida que quiera y como la quiera, pero que esté satisfecho con ella al nivel que desee.

Puedes analizar a una persona por sus resultados, así que, si tienes a alguien a tu alrededor del que adores su manera de actuar en algo en concreto o sus resultados en una determinada área, estudia sus creencias al respecto porque, créeme, el éxito en un área es resultado de un cúmulo de acciones y creencias, así que estúdialas y aplícalas. No las cuestiones.

Y recuerda que puedes cambiar tus creencias. Para ello, el primer paso es lo que ya estás haciendo: leer este libro, porque has tomado conciencia de que, para obtener unos resultados diferentes a los actuales, tienes que hacer algo. Así que ponte manos a la obra y apunta esas creencias que te están limitando y las que te podrían ayudar. Este será el primer paso en nuestro plan de acción.

3

UTILIZA
EL DOLOR
A TU FAVOR

Recuerdo que en 2013, debido a mi proceso de separación, me sentía en un túnel muy oscuro, sin luz ni aire. Me iba a dormir con la ilusión de despertarme al día siguiente y que todo hubiese sido una pesadilla.

Si has pasado por alguna ruptura, entiendo lo que has podido sentir porque yo también la he vivido. Hay una expresión inglesa para ello que desde que me la enseñaron utilizo mucho: «Been there done that», lo que, básicamente, sería: «Ya he estado allí, ya lo he experimentado».

Creo que todos hemos pasado por momentos de dolor en nuestra vida. Con 28 años, recuerdo que tenía casi la vida perfecta: un marido, un hijo recién nacido, una carrera estupenda, un trabajo, una familia... Vamos, que me daba la sensación de que ya estaba todo hecho y que a partir de ese momento solo tenía que seguir viviendo. Debido a toda las experiencias familiares que pasé, sabía más de algunos temas que otras personas de mi edad, pero sobre el amor me faltaba tanto por aprender... Había visto demasiadas películas y partía de la referencia del matrimonio de mis padres: 50 años casados, toda una vida juntos. Yo vivía en una urna y pensaba que la felicidad me acompañaría siempre, que con amar era suficiente, que no hacía falta nada más. Sin embargo, la ruptura de mi matrimonio me hizo experimentar un dolor que es difícil de entender si no pasas por ello. Aunque yo era una persona independiente y fuerte, cuando me tocaron la tecla del amor empezaron a sonar todas las alarmas y comencé a circular por la carretera de la oscuridad, por un túnel que parecía no tener fin.

La carretera del dolor es la que nos lleva al cambio.

Si tú estás pasando por lo mismo, sea cual sea la razón por la que sientas que estás en ese túnel oscuro, tengo que decirte dos cosas:

1. No estás solo, ni eres el primero ni el único que lo pasa así, ni serás el último.

2. Enhorabuena —creencia potenciadora—, pues la vida te ha dado este golpe fuerte porque es la única opción que le has dejado, te ha estado avisando para que cambiaras y tomaras el control de tu vida, pero tú, movido (o mejor dicho, sin moverte) por el miedo, por el qué dirán, no le has prestado atención y no has tomado las riendas. Así que la vida ha dicho: «Venga, voy a darle un golpe fuerte, que así seguro que despierta».

Capítulo 3: Utiliza el dolor a tu favor

Dependiendo del momento en el que estés, puede que no veas este segundo punto tal y como yo te lo planteo —yo también era incapaz de verlo así en su momento—, pero, créeme, es una fortuna y lo irás entendiendo a lo largo del libro.

3.1 La noche oscura

Cuando veo a alguien que está pasándolo mal, pero es incapaz de hacer nada, le repito: «Tranquilo, la vida te sacudirá de tal modo, te pegará tal empujón, que no te quedará más remedio que atreverte a saltar al vacío y, cuando te des cuenta, estarás bajando el precipicio».

Yo siempre lo llamo «el golpe fuerte de la vida para que despiertes», pero hace algún tiempo descubrí que los antiguos lo llamaban la noche oscura.

No tengo ninguna duda de que mi primera noche oscura fue mi separación, un momento en el que la vida me dijo: «**Conduce tu vida, que te estás perdiendo en las circunstancias**. Sé lo que sientes y sé las sensaciones que experimentas, pero, si estás pasando por esta situación, confía en algo, porque ello te está indicando que estás lista para el cambio, para conseguir eso que realmente deseas y, si no fuese por ese golpe tan duro en el que despiertas descolocada, nunca serías capaz de cambiar, nunca saltarías ese precipicio si no te empujasen».

¿Cuáles son los motivos de ese golpe o esa noche oscura? Pueden ser de muy diferente tipo: la pérdida de alguien, una separación, un despido en el trabajo, algo que iba bien —o *tirando*— hasta ese momento y que de la noche a la mañana cambia drásticamente...

La realidad es que te ves arrastrado hacia una situación que te da un profundo miedo y no ves la luz al final del túnel. En ese momento puedes pasar por diferentes fases o experimentar sentimientos también diversos: no encontrarle sentido a la vida y pensar que no tienes ganas de seguir; enfrentarte con la soledad y la tristeza; sentir impotencia, miedo, desesperación, angustia... Así es como entras en ese túnel sin salida.

Sin embargo, **la finalidad de estos acontecimientos es que superes tus miedos y crezcas como persona, y eso es lo que quiero que consigas con mi ayuda**. Por tanto, es un momento perfecto en el que tienes que creer en ti mismo y confiar en que podrás superarlo y en que todo es resultado de un aprendizaje.

Se dice que todos pasamos por una noche así a lo largo de nuestra vida. En un momento u otro, experimentamos ese túnel sin salida, porque forma parte del crecimiento.

Cuando estás inmerso en esa noche oscura, puede parecerte que no hay salida porque hay un desequilibrio en el que no ves bien la realidad. Pero detrás de la desgracia hay una oportunidad de la que saldrás fortalecido; ten siempre en cuenta que, cuando superas una experiencia así, creas en ti una confianza poderosa. Te parecerá que caminas por el desierto sin contar con una gota de agua, pero te aseguro que saldrás de él como una persona totalmente diferente y empoderada.

Algo que puede ayudarte a salir más pronto de esa noche oscura es darte cuenta de algo crucial: que no todo va mal en la vida.

Durante mi separación, decidí empezar a trabajar con una *coach*. Recuerdo la primera sesión y la última como si hubieran sido hoy: me veo sentada en el comedor con una libreta y un boli, tal y como mi *coach* me había pedido. Mi primer ejercicio fue el que quiero que hagas tú ahora. Por favor, hazlo, sé diferente al resto, recuerda que las personas que tienen resultados diferentes son las que hacen cosas diferentes.

Es tu turno

Este ejercicio te va a ayudar a analizar las diferentes áreas de tu vida de una manera más visual y clarificadora. Es un ejercicio muy simple, pero increíblemente potente, precisamente por ser visual, pues el resultado que veas será lo que tú estés pensando sobre las diferentes áreas de tu vida.

Pon una puntuación del 1 al 10 a cada una de las áreas de tu vida. Sé honesto en las respuestas y valóralas correctamente porque, aunque estemos en el túnel, no todo es cero. Una vez que hayas puesto la puntuación a cada área, une los puntos mediante una línea.

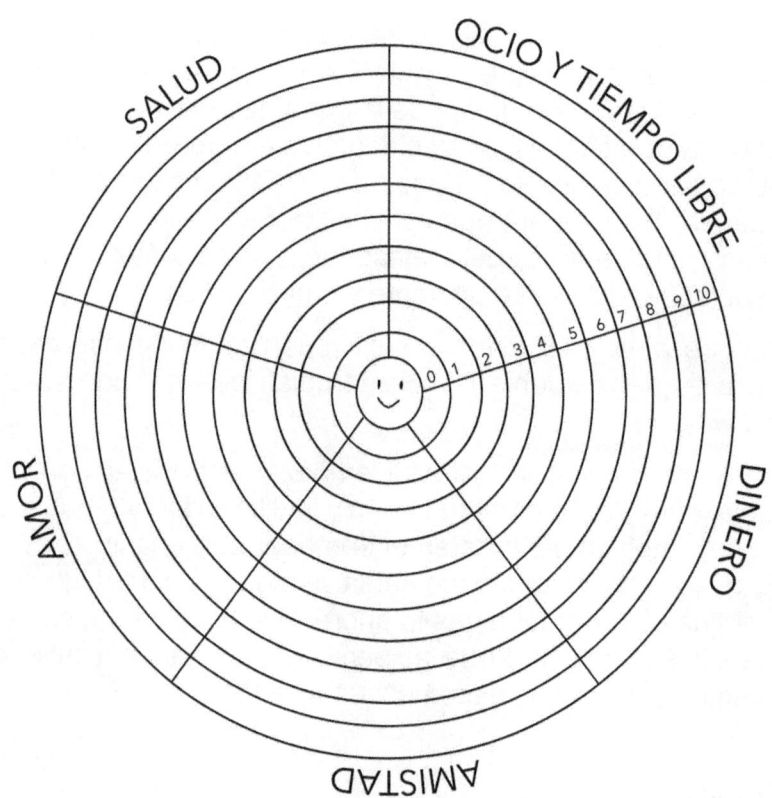

¿Ya lo has hecho? ¡Enhorabuena! Ahora podrás saber más claramente qué tienes y qué no. Al terminar de unir los puntos habrás visto que aparece como la forma de un neumático, que puede ser más grande o más pequeño, o estar pinchado por alguna parte o más inflado por otra.

Este ejercicio es como un test de revisión que deberíamos repetir cada tres o seis meses, así que a partir de hoy obligate a comprobar la presión de tus *neumáticos de vida* regularmente.

En mi caso, si me hubieses preguntado cinco minutos antes de hacer este ejercicio por primera vez que cómo estaba mi vida, te hubiese respondido que todo mal, porque hasta ese momento era lo que pensaba. Sin embargo, cuando mi *coach* me pidió que puntuara cada área de mi vida, me llevé una sorpresa porque vi que tampoco estaba todo tan mal. Mi rueda me mostró que estaba arrastrando mi dolor por la ruptura a todas las áreas de mi vida y no estaba valorando las otras, aunque todas son importantes. Y te prometo que no lo había visto antes ni me había parado a pensarlo hasta ese momento.

No existe realización si te falla alguna área, y la felicidad te la da el hecho de progresar. Sin embargo, tenemos que darnos cuenta de que sufrir un *pinchazo* no significa que no podamos seguir o que ya se haya acabado el camino para nosotros. Haciendo un símil con la Fórmula 1, digamos que entraríamos en boxes para repararnos; entrar en boxes significa entrar en nosotros mismos, darnos tiempo para pasar el dolor, pero sabiendo que la carrera continúa y que no nos rendimos. Y, aunque no entendamos por qué nos está pasando eso o nos preguntemos por qué nos ha ocurrido a nosotros, el hecho es que no podemos cambiar lo que estamos viviendo y buscar culpables no nos ayudará a resolverlo. Para ello, simplemente tenemos que parar, pasar el dolor y saber que será cuestión de tiempo que la situación cambie.

Puede que te hayan echado de tu trabajo, que te hayas peleado con un familiar, que hayas sufrido una ruptura o la pérdida de un amigo... Sea lo que sea lo que te esté pasando, tienes que sentir el dolor porque es algo humano, así que permítete llorar y vivirlo, pero siempre sabiendo que tiene que pasar y que vas a usarlo para mejorar tu vida e impulsarte a otro nivel.

Después, cuando te hagas consciente de todo y mires atrás, verás que determinados problemas del pasado fueron la mayor bendición que tuviste y que, gracias a ellos, con el tiempo, surgieron cosas maravillosas. Confía.

3.2 Culpa y autoestima

Pasado: Te culpas.
Futuro: Te preocupas.
Presente: ¡Ocúpate!

Si crees que tener algo que te preocupe y culpabilizarte por ello te hace ser mejor persona, debo decirte que estás muy equivocado.

Nuestra sociedad valora la culpa y al culpable y ensalza la preocupación, como si fueras mala persona si no te sientes culpable. Pero **¿cuántas veces tienes que pagar por el mismo error?** Cada segundo del día en que te sientes mal por no haber conseguido algo o por un resultado que no es el que tú buscabas, te estás castigando. **¿Cuántas veces haces culpables una y otra vez a tus hijos, a tus padres, a tu pareja... por algo?** Cada vez que culpabilizas a otro o a ti mismo estás recargando la batería de la culpa, ese sentimiento tan improductivo. Y lo peor es que tu mente lo justifica, ¿sabes por qué? Por tus creencias, por esas creencias limitantes.

Nadie en tu vida te ha maltratado tanto como tú mismo con tus propios pensamientos. Y ese grado de maltrato mental depende de cómo hayan sido configuradas tus creencias.

Si alguien te maltrata más de lo que tú lo haces mentalmente, te saltará una alerta y te apartarás de esa persona; sin embargo, si te maltratan menos de lo que tú acostumbras a hacerlo contigo mismo, seguramente lo aceptarás y lo justificarás. Y en este punto entra en acción un elemento: la autoestima.

El tema de la autoestima daría para un libro entero, pero lo podemos condensar en lo siguiente: **cuanta más autoestima tienes, menos te culpabilizas**. El machacarte a ti mismo viene del rechazo que sientes por ti, porque no te aceptas tal y como eres ni aceptas a los demás tal y como son.

La autoestima es la valoración que tienes de ti mismo y, por tanto, es fuente de salud mental.

¿Recuerdas cuando te decía en las páginas anteriores que no conozco a nadie negativo que sea feliz? Puedo afirmar lo mismo sobre la falta de autoestima: **es imposible que tengas una baja autoestima y seas feliz.**

El grado en el que tengas sentimientos positivos o negativos sobre ti mismo y sobre tu propio valor será determinante a la hora de sentirte a gusto contigo y con los demás.

Autoestima es, por tanto, el valor que te otorgas a ti mismo, y eso va a resultar de vital importancia tanto para tu propio bienestar personal como para relacionarte con otros. Si te sientes bien contigo mismo y tienes una buena autoestima, serás capaz de enfrentarte y resolver los desafíos que aparezcan en tu vida. Sin embargo, si tienes una autoestima baja pensarás que no eres lo suficientemente fuerte o que no tienes el valor que debes tener para superar los problemas que te vayan surgiendo.

Gloria Marsellach Umbert, en su artículo «La autoestima», marca las pautas para que la persona sea el mejor amigo de sí mismo. Para ello debe concederse:

- Aceptación: hay que identificar y aceptar nuestras cualidades y defectos.
- Ayuda: debemos planear objetivos realistas.
- Tiempo: hay que sacar tiempo regularmente para estar solos con nuestros pensamientos y sentimientos. Debemos aprender a disfrutar de nuestra propia compañía.
- Credibilidad: prestemos atención a nuestros pensamientos y sentimientos. Hagamos aquello que nos hace sentir felices y satisfechos.
- Ánimos: tomemos una actitud de «puedo hacerlo».
- Respeto: no tratemos de ser alguien más. Hay que estar orgullosos de ser quienes somos.
- Aprecio: hay que premiarse por los logros, los pequeños y los grandes. Recordemos que las experiencias son únicamente nuestras. ¡Disfrutémoslas!

- Amor: aprendamos a querer a la persona tan única que somos. Aceptemos nuestros éxitos y fallos.

No queremos sentirnos culpables y que ese sentimiento nos bloquee y nos impida progresar, así que debemos aprender de esos acontecimientos pasados que nos causaron dolor para que no vuelvan a repetirse.

Sé que este punto es controvertido para la mente, por lo que puede que empieces a justificar la culpa y el hecho de sentirte culpable. Sin embargo, piensa que el sentimiento de culpa no va a ayudarte a deshacer lo ocurrido, así que empieza hoy a cambiar tu vida y ahórrate esa energía; utiliza el dolor del pasado como un trampolín para el futuro.

Es tu turno

Antes de continuar, escribe cinco sentimientos de culpabilidad que lleves dentro.

- _____
- _____
- _____
- _____
- _____

Aunque no conozco tu caso concreto, puedo asegurarte que esas culpas te llegan por una de estas dos vías:

1. **Sentimiento de culpa que llevas desde que eras pequeño** debido a la educación que recibiste o por cómo te influyeron los adultos de tu alrededor.

2. **Culpa que sientes por cosas que has hecho o por tus reacciones ante determinadas circunstancias**. Y nada tiene que ver con la educación recibida o con los adultos de referencia de tu alrededor cuando estabas en proceso de crecimiento.

Ejemplos de frases que proceden de los padres y generan culpa:
- «Nos vas a matar a disgustos».
- «Qué dirán tus tíos y los vecinos».
- «Sacrificamos nuestra vida para darte una educación y tú mira cómo nos lo pagas».
- «Avergüenzas a la familia».

En estos casos, se utiliza la culpa como manera de manipularte para que hagas lo que el otro quiere.

Ejemplos de culpas que encuentro en mis mentorías o eventos:
- «Tuve la culpa del fracaso de la empresa».
- «Soy culpable por no haberle dedicado tiempo a mi familia cuando los niños eran pequeños».
- «Soy el culpable de que mi matrimonio no funcionase».
- «Soy culpable porque inicié esa pelea y luego nunca más volvimos a vernos».
- «Me siento culpable por haberle dicho algo indebido a alguien que quiero».

Aunque no sé por qué te sientes culpable, sí que sé que todos en determinados momentos nos hemos sentido así. En cambio, si te digo que enumeres cinco beneficios de ese sentimiento, lo tendrás muy difícil, porque a la culpabilidad no le puedes sacar ningún provecho.

3.3 Dile adiós a la culpa y a la preocupación

Dile adiós al sentimiento de culpabilidad por cualquier cosa que te haya ocurrido en el pasado, aprende de ello y continúa, porque ¡tu pasado no condiciona tu futuro!

Lo primero que has de hacer será darles las gracias a todos los que tienes alrededor e intentan meterte vía intravenosa el sentimiento de culpa si haces una cosa u otra. Sí, sí, diles: «Gracias, respeto tu opinión, pero soy impermeable a la culpa que pretendes poner en mí». Aprende a contestarles de manera diferente y verás que con el tiempo lograrás eliminar ese sentimiento de culpa y conseguirás que no te manipulen con sus palabras. Porque de este modo les dirás: «Perfecto, entiendo tu opinión y la respeto; probablemente tu sistema de creencias te hace llegar a esa conclusión, pero no me manipules para hacer lo que tú quieres que yo haga instalando la culpa en mí».

Analiza esos hechos por los que te culpabilizas, piensa en qué resultados han tenido en ti, si han sido agradables y es la culpa externa la que tienes instalada en tu sistema, o si han sido hechos desagradables y es tu propia culpa la que no te deja continuar.

Hace algún tiempo, una amiga me explicaba lo que le ocurrió a su hermano a pocos días de casarse, y me decía: «Es que va a matar a mis padres del disgusto». La historia era que él llevaba saliendo con una chica algo más de tres años, pero sus padres no aceptaban que se casara con ella bajo ningún concepto porque el hecho de que ella fuera unos años mayor que él y estuviera divorciada les parecía inadmisible. Por ello, le decían que no aceptaban esa boda, que cómo iba a hacerles eso después de todo lo que habían hecho por él, etc. Y ahí estaban, a unos días de la ceremonia discutiendo porque los padres se negaban a asistir a la boda.

No es esta historia lo que me interesa analizar en este punto, sino la culpabilidad que pueden sentir ambas partes ante esta situación. La culpabilidad que le llega a ese chico desde el exterior y la que se pueda estar imponiendo él mismo. Veámoslo con detalle:

Culpabilidad que le viene de la familia:

- «Avergonzarás a toda la familia».
- «Serás el hazmerreír, después de toda la educación y nivel de vida que te hemos dado».

- «Nunca te hemos pedido nada y, cuando te pedimos que no cometas este error, no nos haces caso».
- «Esa boda provocará una desgracia en la familia y será por tu culpa».

Culpabilidad que se puede estar imponiendo él mismo:

- «Si les pasa algo a mis padres, será por mi culpa».
- «Seré el culpable de que mis padres no asistan a mi boda».
- «Tengo la culpa de que se sientan avergonzados».
- «Estoy preocupado por si no sale bien mi matrimonio, con todo lo que he liado...».
- «Soy un malagradecido, después de todo lo que han hecho por mí».

Ahora adentrémonos en la preocupación y sigamos con el ejemplo de esta familia. Aunque los padres son estupendos y quieren lo mejor para su hijo —yo desconozco los motivos que les han llevado a la preocupación extrema y la negación de una situación—, obviamente tienen detrás un sistema de creencias que consideran una verdad absoluta.

Ante tal evento, le pregunté a mi amiga que por qué no habían hablado antes, que por qué no se habían reunido con tiempo y no cuatro días antes de la boda para convencer a sus padres de que acudieran a la ceremonia. Ella me respondió que la relación sentimental de su hermano era un tema que preocupaba a toda la familia desde hacía años, pero que no esperaban que terminase en boda. Yo le volví a preguntar que por qué sus padres no habían intentado entender la situación cuando recibieron la noticia del enlace, o que por qué su hermano no había intentado sentarse con ellos a hablar en vez de hacerlo una semana antes de la boda. Su respuesta fue que no lo sabía, que simplemente habían obviado el problema, pero que estaban realmente preocupados.

Sirviéndome de esto, lo que te quiero explicar, querido lector, es que la preocupación no ayuda, sino todo lo contrario: paraliza.

Y nuestra sociedad vive encantada con la preocupación: es normal preocuparse por un hijo, ¿cómo no van a hacerlo? Es lo lógico, lo quieren y quieren lo mejor para él. Sin embargo, la pregunta aquí es: ¿crees que esa culpabilidad del hijo y esa preocupación de los padres va a solucionar algo? La respuesta, lamentablemente, es que no. Ni un solo momento de preocupación o de culpabilidad ha ayudado a cambiar en algo esa situación. Lo que ocurre es que damos más valor a la preocupación que a la acción.

Nos preocupamos, por ejemplo, por...

- el futuro de nuestros hijos,
- lo que piensen los demás de nosotros,
- el dinero,
- la posibilidad de perder nuestro trabajo,
- y un largo etcétera.

Ahora bien, no confundas el no preocuparte por el futuro con el no planificar. Me refiero a esa preocupación que nos paraliza, es decir, que ante la posibilidad de que te echen del trabajo, te preocupes por la falta de dinero, por no encontrar otro trabajo, por no saber qué hacer con tu vida, por no ser feliz...

Te preocupas, te preocupas, te preocupas..., pero no te ocupas: estás paralizado.

«Estoy tan preocupado por mi situación desde que me han despedido de mi trabajo que no puedo ni levantarme de la cama, no puedo hacer nada», me dijo un día un amigo. Le respondí sin paños calientes, pero con todo mi cariño, que, obviamente, era más fácil decir que estaba angustiado y preocupado, y por tanto quedarse quieto, que mover el cuerpo y pasar a la acción. Digamos que es la mejor excusa para justificar la inacción.

Es tu turno

Antes de continuar, escribe cinco preocupaciones que hayas tenido en el pasado desde hace cinco años:

- _____
- _____
- _____
- _____
- _____

Ahora escribe otras cinco preocupaciones que tuvieses hace un año:

- _____
- _____
- _____
- _____
- _____

Y ahora viene lo mejor: ¿cómo puedes eliminar las preocupaciones?

A continuación te presento los dos pasos que debes dar para dejar de vivir preocupado.

1. Date cuenta de cuándo empiezas a preocuparte.

Cuando empieces a preocuparte por algo, háblate a ti mismo de la siguiente forma: «Uy, ya ha venido a visitarme la preocupación… Venga, vamos a por ella». Coge una libreta y un boli y contesta por escrito a las siguientes preguntas:

- ¿Qué cambios experimentaré después de preocuparme?
- ¿Seguir preocupándome cambiará la situación?

2. **Una vez que seas consciente de que estás preocupado, limita ese tiempo de preocupación a 60 minutos.**

Sí, sí: 60 minutos de preocupación, ni más ni menos.

En esos 60 minutos desahógate, llora, siéntete fatal, angustiado, destrozado. Pregúntate qué es lo peor que puede pasar, imagina la peor de las circunstancias. Después, piensa si tiene arreglo o no, si hay algo que puedas hacer al respecto o si es una situación que no depende de ti.

A medida que vayas dominando el proceso, esos 60 minutos iniciales irán disminuyendo hasta quedarse en 15 o incluso menos.

Cuando se hayan terminado esos 60 minutos de preocupación del día, piensa que hasta el próximo día que tengas reservado para ello no podrás volver a preocuparte. Eso sí, después de una semana, por favor, escribe los cambios que hayas experimentado con respecto a esa preocupación, apunta cómo te ha ayudado el preocuparte.

Escribe los cambios que hayas experimentado:

#ConducetuVida

_____
_____
_____
_____
_____
_____
_____
_____
_____
_____

Créeme, después de un tiempo haciendo este ejercicio, te darás cuenta de la pérdida de tiempo que supone el preocuparse, porque la solución está en ocuparse.

En vez de preocuparse, hay que ocuparse.

Vuelve a esas cinco preocupaciones del pasado lejano y cinco del año pasado y dime: ¿llegaron a ocurrir?, ¿la preocupación te resolvió la situación?

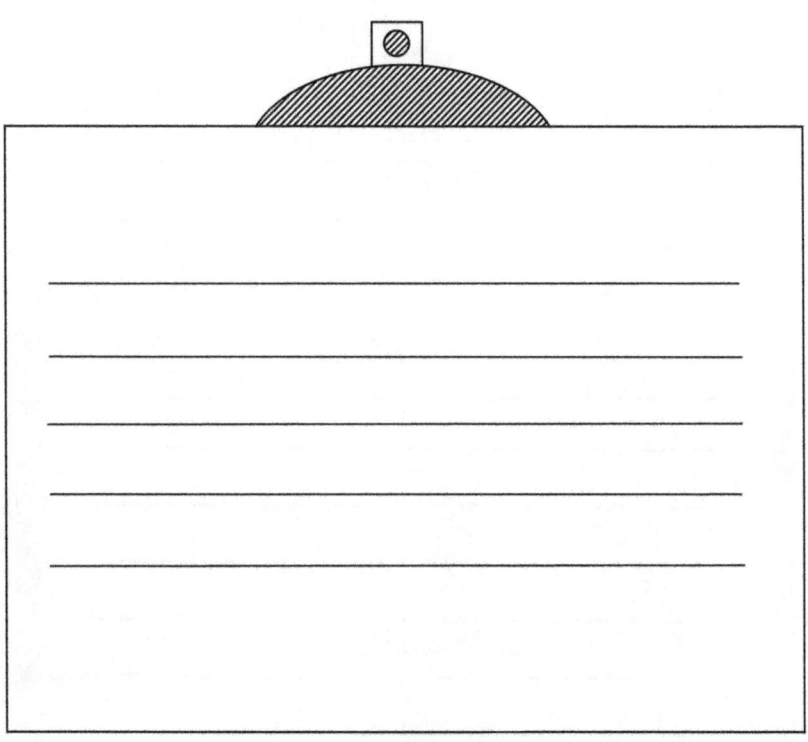

Estoy convencida de que no. Preocuparse no evita el futuro ni lo transforma. Actúa: frente a la preocupación, inicia la acción.

Ahora bien, no hay ejercicio más eficaz para evitar la preocupación que hacernos conscientes de querer evitarla y eliminarla de nuestra vida, pues de esta manera evitaremos que nos controle. Y en caso de que aparezca, como mucho otórgale 15 minutos de atención y después pasa a la acción, porque la preocupación que paraliza es un gran obstáculo en tu vida.

3.4 Empieza ahora

Cuanto antes empieces a hacer lo que quieres, antes vendrá lo que deseas.

¿Eres de ese tipo de personas que viven paralizadas por la preocupación? Si es así, te conviene que ahora analicemos el **procrastinar**. A continuación, te muestro la definición que da la Wikipedia:

La procrastinación (del latín procrastinare: pro, 'adelante', y crastinus, 'referente al futuro'), postergación o posposición es la acción o hábito de retrasar actividades o situaciones que deben atenderse, sustituyéndolas por otras situaciones más irrelevantes o agradables.

Se trata individualmente de un trastorno volitivo del comportamiento que tiene su raíz en la asociación de la acción por realizar con el cambio, el dolor o la incomodidad (estrés). Este puede ser psicológico (en forma de ansiedad o frustración), físico (como el que se experimenta durante actos que requieren trabajo fuerte o ejercicio vigoroso) o intelectual. El término se aplica comúnmente al sentido de ansiedad generado ante una tarea pendiente sin tener fuerza de voluntad para concluirla. El acto que se pospone puede ser percibido como abrumador, desafiante, inquietante, peligroso, difícil, tedioso o aburrido, es decir, estresante, por lo cual se autojustifica posponerlo a un futuro sine die idealizado, en que lo importante es supeditado a lo urgente.

Podríamos decir que incluso el hecho de retrasar lo que debemos hacer también nos ocasiona ansiedad y dolor, y esto es preocupante.

En algunos de los talleres para empresas que he hecho, podría decir que he visto un denominador común: los trabajadores no están contentos con su vida, no saben lo que quieren y, aunque saben que tienen que empezar a hacer algo, no lo hacen, sino que pasan los días diciéndose que ya llegará el momento para ello.

Retrasar el hecho de hacer cosas no es malo en sí, o hacemos o no hacemos, no hay más. Es decir, si no haces algo, pero eso no te causa ningún dolor ni ningún estado de infelicidad, puedes seguir haciendo lo que quieras; el problema aparece cuando no hacemos algo que creemos que debemos hacer y el no hacerlo nos provoca más ansiedad porque no estamos actuando.

Todos conocemos a personas a las que, por ejemplo, no les gusta su trabajo o no están felices con su pareja y repiten: «Quiero que se arreglen las cosas» o «Irá mejor más adelante». Perdona, pero ¿de verdad crees que no haciendo nada cambiarán las cosas? Igual que nadie cambió ninguna situación tan solo preocupándose, nadie cambiará nada repitiendo «Abracadabra, que se solucione solo». Seamos maduros, eso de «Espera, espera, que algún día cambiará sin hacer nada» no funciona. Ahora bien, como todo en la vida, hay grados, y como bien decíamos antes, ¿eso te afecta o no?

Somos lo que hacemos, no lo que decimos. Todos hemos tenido o tenemos ese amigo, conocido o compañero que dice: «Voy a hacer este proyecto y, después, este otro...», pero la siguiente vez que lo ves no ha hecho lo que te dijo por circunstancias externas a él, aunque ahora va a hacer otra cosa y otra y otra...

Digamos que hay quien tiene la procrastinación como una forma de vida. Aquí te pongo unos ejemplos que podrás reconocer fácilmente:

- Seguir con una relación esperando que las cosas mejoren o cambien por sí solas.
- Seguir en el mismo trabajo que te aburre y no te gusta, pero no ponerte a buscar otro.
- Postergar para otro día una tarea —«Ya ordenaré los papeles»— o algo que te cuesta —empezar la dieta—.
- Posponer una conversación seria con algún miembro de tu familia, amigo o pareja.

Si tienes algo que hacer para cambiar tu situación y no lo estás haciendo, siento desilusionarte, pero no tienes tiempo que perder. Para de postergar.

Si dices «Ahora no tengo tiempo para hacerlo», siento decirte que nunca lo tendrás, porque nunca va a existir el momento perfecto para hacer eso que te hace salir de tu zona de confort. Y es que, aunque esa zona te haga sentir incómodo, si aún no has salido de ella es porque no te ha dolido lo suficiente. En el siguiente apartado te explicaré esto con detalle.

Siempre vas a encontrar excusas para seguir procrastinando, ya que te seguirás autoengañando con cualquier motivo para seguir justificando tu no acción. Y es que está claro que el mentirte te protege de la realidad: «Yo soy diferente», «Yo no lo hago porque de verdad no es un buen momento para mí», «No lo hago porque no tengo tiempo», «No lo hago porque ya mejor espero a septiembre», «No lo hago porque no tengo dinero»... Hay toda una larga lista de mentiras que te ayudan a paliar el dolor de la realidad.

Cómo evitar procrastinar

Primero debes hacer una lista de las tareas que sabes que mejorarán tu situación o, simplemente, una lista de cosas que quieres hacer para que te deje de provocar ansiedad el propio hecho de no hacerlas.

Es tu turno

Anota diez acciones pendientes, empezando por la más importante.

- _____
- _____
- _____
- _____
- _____
- _____
- _____

- _____
- _____
- _____

A continuación, ten en cuenta los siguientes pasos:

- Al lado de cada tarea, describe la peor de las circunstancias: ¿que pasaría si no lo haces? Crea dolor para que te ayude a pasar a la acción.
- Prográmate una hora cada día para hacerlo.
- Ten el valor de hacer eso a lo que te resistes.
- Vigila tu vocabulario y elimina todos los verbos en condicional: *iría, haría, cambiaría...*
- Hazte observador de tu propia vida y deja de criticar la de los demás.
- Por último, comprométete a hacerlo, coméntaselo a tu pareja, a un amigo, a un familiar, a alguien que sepas que te va a preguntar y con el que te mueras de la vergüenza si le dices que no lo has hecho porque sabes que con esa persona no valen las excusas.

Así que ahora, hazme y hazte un favor: si no la tienes todavía, cierra este libro hasta mañana y ponte a hacer tu lista de acciones pendientes. No dejes que tu mente diga: «Uy, ya lo hago mañana, que ahora es muy tarde/estoy en el metro/tengo que preparar la comida», ya sabes... Puede incluso que, al llevarlas a cabo, te des cuenta de que algunas de las cosas pendientes —por ejemplo, llamar a tu madre para pedirle perdón— no eran tan difíciles y, además, verás que ha empezado a disminuir tu ansiedad —es más, imagina que en el ejemplo de la llamada, al hablar llegáis a un entendimiento que mejora vuestra relación—.

Capítulo 3: Utiliza el dolor a tu favor

Lista de acciones pendientes:

#ConducetuVida

Si ya tienes tu lista preparada, te doy la enhorabuena, porque la acción es lo único que te va a ayudar a salir de donde estás.

Estamos en una sociedad en la que nos sobra el conocimiento, pero nos falta la acción, por eso en este libro no te estoy vendiendo teorías, porque no funcionan, lo que sí funciona es hacer las cosas: saber lo que quieres, plan y acción.

> «La felicidad y el éxito no son el resultado de lo que tenemos, sino de cómo vivimos. Lo que hacemos con las cosas que tenemos marca la gran diferencia en nuestra calidad de vida».
> Jim Rohn

Además, si ya tienes tu lista, ¡celébralo! Prémiate con algo que te deje huella: cómprate algo que te guste, haz un dibujo..., ¡lo que quieras!, pero es importante que tengas **sistemas de anclajes.**

Los anclajes son elementos que nos ayudan a crear un sistema que, automáticamente, nos hace volver a un estado de pura energía en el que estamos felices y vemos que todo es posible.

¿Recuerdas lo que te ocurre cuando escuchas esa canción del verano que te trae tan buenos recuerdos o cuando hueles ese aroma que te trae a la memoria momentos increíbles de tu infancia? Los anclajes, como la canción o el aroma de los ejemplos, nos llevan o reconducen a un estado en el que aumentamos la confianza de manera inmediata.

Si anclas el momento en que realizas una tarea que estabas postergando, verás que la próxima vez que intentes procrastinar será más fácil llegar a ese punto en el que sabes que anteriormente ya lo habías conseguido y que es posible volverlo a hacer.

3.5. El golpe que te hará despertar

Respóndeme a las siguientes preguntas: ¿por qué no trabajas en lo que quieres?, ¿por qué no dejas esa relación que te está apagando poco a poco?, ¿por qué eres infeliz y no haces nada para cambiarlo? Y la pregunta del millón: ¿cómo puede alguien estar sufriendo y no cambiar eso que le hace sufrir?

La respuesta es que tiene **miedo al cambio**, miedo a perder lo que tiene y miedo ante lo desconocido.

En mayor o menor medida, todos hemos vivido alguna situación muy dolorosa que éramos incapaces de cambiar. Por ejemplo, ¿has experimentado el estar en un trabajo que te deprime, te aburre y con el que no te sientes realizado, pero te da miedo cambiar y buscar otro? ¿O quizás has vivido ese momento de estar en una relación en la que eres totalmente infeliz, pero que no dejas porque piensas que él o ella cambiará y la situación se arreglará, o que tú te acostumbrarás a vivir con esa infelicidad?

Puedo decirte que al terminar mis conferencias mucha gente se acerca para comentarme que les ha ayudado lo que he explicado o que ahora ya saben qué tienen que cambiar. ¿Sabes cuál es el denominador común de muchos de esos comentarios? Que todas esas personas estaban donde no querían y al terminar el evento entran en un estado de alta vibración —me gusta llamarlo así— o se enfrentan de golpe con la realidad y ven que sin pasar a la acción su situación no va a cambiar nunca; muchos de ellos, al tocar ese límite de dolor, salen disparados a pasar a la acción.

¿Por qué? Porque, aunque están bloqueados en su zona de confort —que realmente es de no confort—, el miedo a lo desconocido es mayor que el sufrimiento, y al llevarlos al límite algo en ellos hace clic y se produce un cambio.

Por eso te digo que solo el dolor o recibir un golpe fuerte será lo que te haga alcanzar ese límite que te llevará a transformar la situación que deseas. Por mucha presión exterior que estés teniendo para realizar el cambio que necesitas, hasta que tú no experimentes un profundo dolor interno, no se materializará.

Es tu turno

Y ahora, ¿qué quiero que hagas? Quiero que uses esta *master key* para que te ayude: empieza a llenar tu presión interna. Para ello, habla contigo y pregúntate:

¿Qué pasará si no cambias esa situación?

- _____
- _____
- _____
- _____
- _____
- _____
- _____

¿Qué vas a perder si no cambias?

- _____
- _____
- _____
- _____
- _____
- _____
- _____

Quiero que hagas este ejercicio porque sé que te va ayudar, ya que logra aumentar ese dolor interior hasta límites indescriptibles.

Y aún mejor: además de responder a las preguntas anteriores, imagina cómo esa situación te va a afectar a ti, a los que quieres, a los más cercanos, a tus hijos si los tienes, a tus padres. Porque solo cuando hayas terminado con todo ese dolor pasarás al placer, así que escribe cómo te va a afectar positivamente ese cambio: especifica todas las cosas maravillosas que te pueden suceder, cómo le va afectar eso a tus seres queridos, lo felices que van a estar y qué vida tendrán gracias a ese cambio que tú mismo has hecho.

Ese cambio me afectará positivamente en:

#ConducetuVida

CONDUCE
TU VIDA

4

Capítulo 4: Conduce tu vida

Después de pasar por mi separación me di cuenta de muchas cosas, pero la más importante fue de cómo había dejado de conducir mi vida. No sé por qué no era consciente de planificar, de preguntarme qué quería ni a dónde quería dirigirme o llegar.

Me había dejado llevar por las circunstancias del día a día. Estaba subida a un tren que iba pasando por cada parada, y yo iba bajando y subiendo sin ningún plan, ningún objetivo ni meta... Creo firmemente que mi vida se vio arrastrada por situaciones que yo no había elegido conscientemente. A veces soltamos el volante de nuestra vida o, peor aún, lo dejamos en manos de otros: los padres, la pareja, los hijos...

Si sientes que este es tu caso, tranquilo, porque, como te decía antes, si no te despiertas tú, la vida se encargará de darte tal golpe que digas: «Uy, vuelvo a agarrar el volante». Y, una vez que recuperes el mando, podrás decidir a dónde quieres ir.

Siento decirte que eres tú quien ha creado lo que tienes, y lo has hecho así por tus creencias y por tus decisiones, esta es la realidad. Y ten muy en cuenta que cuando decides estás conduciendo tu vida, pero el no hacerlo también es tomar una decisión.

4.1 ¿Qué es lo que quieres?

El poder de esta pregunta me sigue pareciendo increíble cada vez que la hago. Entonces, dime: ¿qué es lo que deseas, qué quieres conseguir o hacer en la vida?, ¿cuáles son tus metas de ahora a tres meses?, ¿y a seis?, ¿y a tres años?, ¿y a cinco?

Cuando coges el coche para ir a alguna parte, ¿qué haces? ¿Subes, arrancas y empiezas a conducir sin saber a dónde quieres llegar? Puede que haya momentos en los que sabes a dónde te diriges y conoces el camino, pero puede que desconozcas cómo llegar a otros destinos, así que, en esos casos, enciendes el GPS o preguntas. Y si vas con el tren o el autobús, ¿subes sin fijarte si va a dónde quieres ir?, ¿subes y no te bajas?, ¿te bajas al azar?

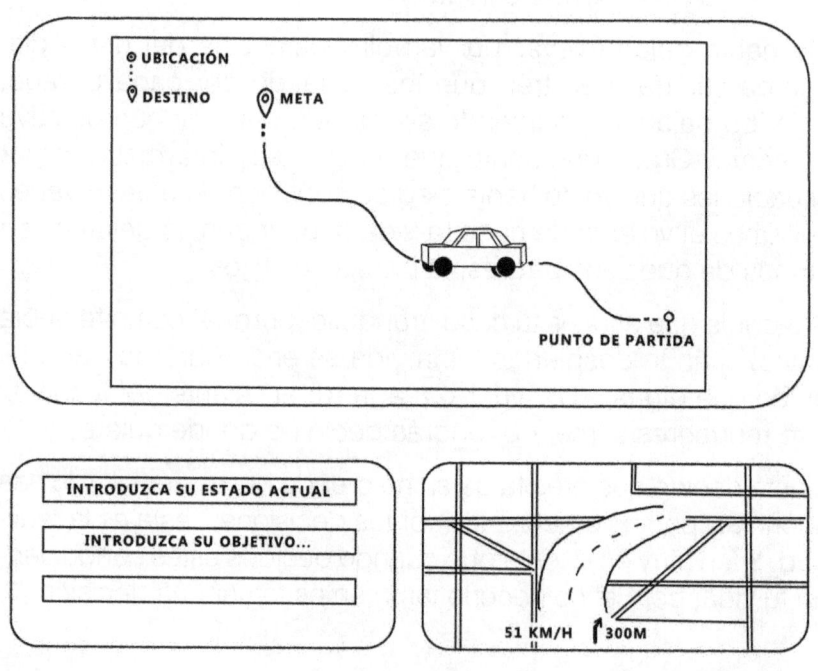

Lo que te quiero hacer llegar con estas preguntas es que es increíble que para determinadas actividades cotidianas tengas interiorizado qué quieres y cómo conseguirlo, pero que si te pregunto qué quieres hacer en tu vida, qué te ilusiona o qué te gustaría conseguir, probablemente la respuesta sea «No lo sé».

Porque el gran problema es que, si no sabes lo que quieres, estarás conduciendo un coche sin dirección ni destino...

¿Adónde crees que llegarás? Si no sabes lo que quieres, siento decirte que no lo conseguirás nunca.

> «Si un hombre no sabe a qué puerto se está dirigiendo, ningún viento le es favorable».
>
> Séneca

Así que te vuelvo a preguntar: ¿qué quieres? Ambos, tú y yo, sabemos que te encantaría mejorar uno o varios aspectos de tu vida porque hay alguna área que no va como te gustaría, o bien deseas algo, pero no sabes el qué.

Cuando les hago esta pregunta a algunas de las personas que me piden ayuda, estas me responden: «Lo que no quiero es...» o «No sé...». Mi respuesta ante eso es poner el dedo en la herida: «No sabes lo que quieres en tu vida, no sabes lo que deseas... Ya lo sabrás, o eso espero». Entonces se pican y me responden: «Sí, a ver, claro que sé», y empiezan a surgir frases como «No me gusta mi trabajo», «No sé cómo romper la relación que tengo». Y yo les vuelvo a preguntar: «¿Y qué quieres?», a lo que me responden: «Pues quiero cambiar de trabajo», «Quiero que me suban el sueldo», «Quiero viajar más», «Quiero encontrar o mejorar en el amor», etc.

La cuestión aquí es que si quieres conseguir algo tienes que describirlo de manera más concreta, tienes que tener claro en tu mente qué quieres, pero no de manera general como «Quiero otro trabajo/amor/más dinero...», porque, de esa forma, a lo mejor te llega más dinero, pero en un trabajo que te aburre y detestas, y te aseguro que será cuestión de tiempo que digas que quieres cambiar de nuevo. Así que, al igual que somos precisos en otras áreas de nuestra vida, seamos concretos en la más importante.

Te muestro a continuación algunos ejemplos:

- «Llegar a mi peso ideal de 70 kg».
- «Bajar mi colesterol hasta el nivel permitido».

- «Ganar 50.000 € al año».
- «Mudarme a un piso de tres dormitorios en la zona x».

Quiero que te tomes este ejercicio con tranquilidad, aléjate del ruido y llévalo a cabo como un trabajo muy serio, porque te aseguro que va a cambiar tu vida, ya me lo contarás. En mi caso fue así: cuando empecé a hacerme consciente de lo que quería y de a dónde deseaba ir, todo empezó a llegar a mi vida.

Ahí donde pones la atención los milagros ocurren. La mayoría de las veces no conseguimos cosas porque ni siquiera hemos pensado en ellas; para que algo se manifieste en la realidad, primero debemos saber que lo queremos. Por tanto, ponte con ello, porque la diferencia la marca la acción, así que actúa.

Es tu turno

Anota tus metas de hoy a seis meses sin ponerte ningún límite, escribe lo que realmente quieres y lo que tu corazón desea. No te dejes llevar por los «Uf, pero cómo voy a conseguirlo», «Eso es algo muy difícil…», porque ahora es el momento de escribir qué quieres, no de pensar en cómo alcanzarlo.

Confía en que todo va a ir bien y, mientras, piensa y respóndete a ti mismo las siguientes preguntas:

- ¿Es algo que yo quiero ser, hacer o tener?
- ¿Esto va a acercarme a la felicidad o va a alejarme de ella?

1. Objetivos personales:

Apunta todo lo que quieres mejorar en tu vida, piensa como un niño, abre tu mente:

- Qué te gustaría estudiar.
- Qué cuerpo quieres conseguir.
- Qué mejorarías de tu carácter.
- Qué habilidad deseas adquirir.
- Quién quieres ser.

- Con qué tipo de amigos te gustaría contar.
- Qué vecinos quieres tener.
- Etc.

Ahora organiza todas las respuestas (las que hayas dado a las preguntas anteriores y lo que tú quieras añadir) en las siguientes columnas:

SEIS MESES

UN AÑO

TRES AÑOS

CINCO AÑOS

DIEZ AÑOS

2. Objetivos profesionales:

Piensa y apunta todo lo que quieras, todo:

- Qué desarrollo profesional deseas.
- Dónde quieres trabajar.
- Qué cantidad de dinero te gustaría ganar.
- Qué finanzas quieres en tu vida.
- En qué deseas invertir y cuánto.
- Cuánto quieres que crezca tu empresa.

- Qué número de empleados quieres tener.
- ¿Piensas en jubilarte?, ¿cuándo?

SEIS MESES

UN AÑO

TRES AÑOS

CINCO AÑOS

DIEZ AÑOS

3. Objetivos de ocio:

Seguimos con nuestra cartita a los Reyes Magos o a Papá Noel en la que no hay límites, así que pidamos... Escribe, por ejemplo:

- Dónde quieres ir.
- Qué actividades te apetece realizar.
- Qué país te gustaría visitar.

SEIS MESES

UN AÑO

TRES AÑOS

CINCO AÑOS

DIEZ AÑOS

Organizamos nuestros objetivos en el tiempo porque, probablemente, si te pregunto e insisto en qué quieres, en un primer momento no sabrás qué responder, y en un segundo momento me dirás lo que quieres, pero a corto plazo o en un plazo indeterminado.

Poner plazo a lo que quieres es la única manera de que ocurra e, igualmente, si pones todo a largo plazo, vas a necesitar objetivos a corto plazo. Haciendo nuevamente el símil con el coche, piensa que, si quieres partir desde Londres para llegar a Estambul, perfecto, tienes el destino, pero necesitarás hacer paradas en medio, ya que, si no, te frustrarás, te entrará sueño…

Ahora que has escrito bastantes cosas, es el momento de priorizar. ¿Qué es lo que más te gustaría conseguir ahora mismo? ¿Qué es lo que más satisfacción te va a dar si se cumple?

Dime solo tres cosas que, si consigues en doce meses, llevarán tu vida al siguiente nivel y te darán tanta alegría que solo de pensarlo se te dibuja una sonrisa y te brillan los ojos.

Ahora te propongo otro ejercicio:

Todos esos objetivos, póntelos en imágenes: coge revistas o busca en Google las fotos de esos lugares, personas, trabajo, ropa o experiencias que quieres traer a tu vida. ¡No te puedes imaginar el potencial de este ejercicio!

Capítulo 4: Conduce tu vida

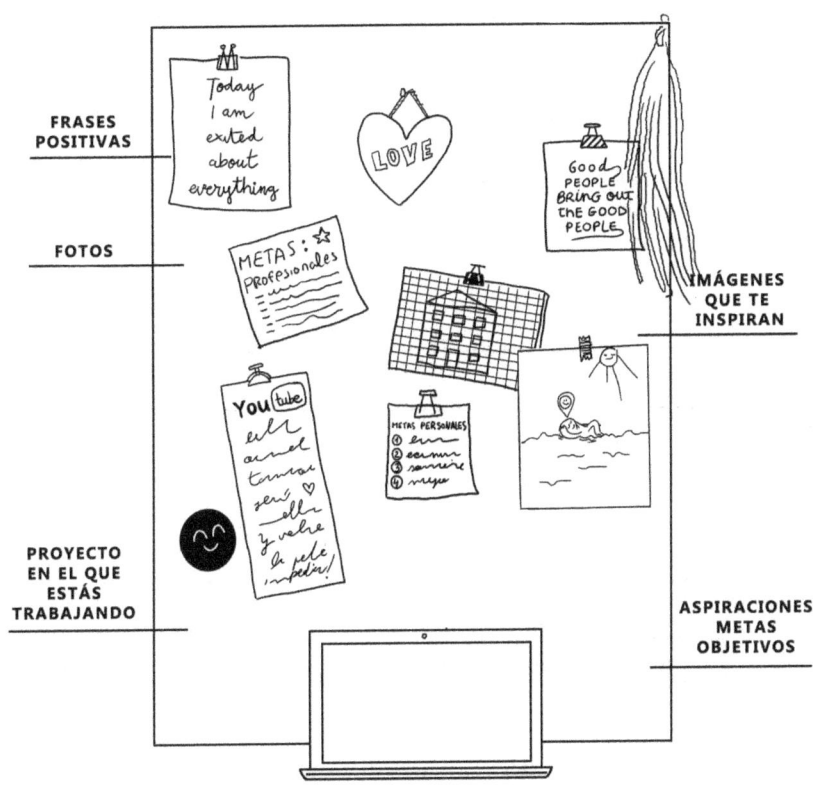

Piensa que justo ahora tus creencias pueden estar en plena acción gracias a este ejercicio. Y no te pido que te lo creas, solo te pido que lo hagas y creas que es posible. ¿Qué puedes perder por ello?

Escribe 5 creencias:

#ConducetuVida

4.2 Tu gran porqué

Necesito que me cuentes detalladamente por qué quieres cumplir esos objetivos en doce meses, explica tus razones de manera específica y describe cuál será la consecuencia de conseguirlo. ¿Qué fuerza te motiva a querer alcanzarlo?, ¿por qué?

Antes de seguir y para ayudarte a buscar tu porqué, te voy a decir el mío: mi gran porqué es mi hijo. No deja de sorprenderme cómo este enano me conoce y cómo está conectado conmigo y yo con él… Mi hijo, además de mi porqué, es una de mis misiones en esta vida, tengo varias, pero hay tres muy claras y que marcan la dirección de mi vida:

- La primera es ayudarte a ti, que estás leyendo este o cualquiera de mis libros, a que tengas una vida más equilibrada y feliz. No escribo para entretener, quiero llegar más allá de mis familiares y amigos. Mi misión es ayudar a millones de personas transmitiendo este mensaje tan simple, tan al alcance de todos, pero tan desconocido. ¿Por qué? Porque de verdad creo que los desafíos que hemos pasado en mi familia y los que yo he vivido en primera persona no han ocurrido por casualidad. Porque tengo fe plena en que todo pasa por algo y, aunque no lo entienda, seguro que aprendo de ello, y sé que algo bueno me traerá. Así que esto solo es el principio, porque cuando termines este libro vas a agarrar el volante de tu vida con el GPS encendido y la música bien alta. ¡Esa es la actitud!

- Mi otra misión es educar a mi hijo en estos principios que te enseño a ti y que deseo transmitir a millones de personas, para que siga pensando como niño toda su vida y no entierre su ilusión con las limitaciones de los adultos. Los que conocen a mi hijo saben cómo nos comunicamos: solo necesitamos una mirada o un simple suspiro y ya sabemos lo que eso significa. Como niño, él es una esponjita de conocimiento, y no estoy hablando de matemáticas o ciencias. Me refiero a que intento que se haga consciente de sus estados emocionales[4] y aprenda a modificarlos. Y también él se hace consciente de los míos y me hace cambiarlos.

- Así pues, mi objetivo de perseguir y vivir la vida que quiero va muy relacionado con mi hijo, porque me causaría mucho dolor que se hiciese mayor y dijese: «Mi madre... La quiero mucho, pero fue infeliz» o «... no consiguió nada, no logró sus sueños». Me entran escalofríos solo de pensarlo, por eso este es mi porqué, esto es lo que funciona con mi sistema de creencias y

---

4. Te hablaré de los estados emocionales y cómo cambiarlos en el capítulo 6, y te contaré una anécdota de cómo mi hijo identifica su estado de tristeza y lo que hace para transformarlo.

con mi mente. Si tengo un bajón y lo veo todo gris, inmediatamente pienso en lo que perderé y en qué pensará él de mí si no lo hago, de cuántas cosas le privaré si no consigo lo que quiero, etc.

- Y mi tercer porqué soy yo: tengo un concepto de mí que no me permite rendirme, no me deja no conseguir lo que quiero, porque me pone en un grado de alarma y de rechazo por el que no estoy dispuesta a pasar.

Es tu turno

Volvamos a tu porqué: ¿cuál es: tus padres, tu pareja, tu hijo, tu propio orgullo o alguien que ya no está?

Escríbelo, ponte una foto de fondo de pantalla del móvil o al lado de la mesilla para que la veas al despertar, hazte un tatuaje..., lo que prefieras, pero ten en cuenta que hay dos cosas que van a marcar la diferencia entre conseguir lo que deseas o no:

1. **Saber qué es lo que quieres.**
2. **Encontrar tu gran porqué.**

Saber cuál es tu misión o tu porqué es fundamental para tener una vida más plena. Algunos autores le han dedicado a este proceso de descubrimiento libros enteros, como Simon Sinek y su famosa obra *Empieza con el porqué* [5], o yo misma con mi libro *Descubre tu pasión*. Si quieres profundizar en el tema, te invito a leerlos.

---

5. Simon Sinek, *Empieza con el porqué*, Empresa Activa, 2018

Capítulo 4: Conduce tu vida

"

ACUERDO DE
COMPROMISO
CON MI SUEÑO

"Me comprometo a luchar por
mis sueños, a conseguir mis metas
y a nunca rendirme en el camino"

★ Mi sueño:

⚠ Fecha límite

HORA   DÍA   MES

AÑO

Mi firma   Firma Diana

4.3 Comprométete y pasa a la acción

Bien, llegados a este punto ya tienes lo que quieres y por qué lo quieres, pero te falta algo... Y ahora pensarás: «Ya sabía yo que había un pero». Tranquilo, no te adelantes y presta atención.

Nos pasamos la vida queriéndolo todo, pero, al final, la mayoría de las cosas se quedan en el aire; sin embargo, ahora tú eres diferente a los demás porque sabes lo que deseas, en cuánto tiempo y te vas a comprometer con ello porque tienes un porqué muy poderoso. Has decidido que harás todo lo que sea necesario para conseguirlo y no habrá nada que te pare. Y, si en algún momento te planteas abandonar, vendrán a tu mente las consecuencias de no conseguirlo y eso te impulsará a seguir.

Ayúdate de las personas de tu entorno que sepas que te pueden ayudar a subir y coméntales tus metas, haz público tu compromiso porque ello te ayudará a seguir: es como una llave maestra que puedes usar a tu favor y que te levantará de las eventuales *caídas*:

- Tener objetivos no significa solo que vayamos a ser felices cuando los cumplamos —aunque también, por supuesto—, sino que debemos encontrar la manera de disfrutar por el camino que nos conduzca a ellos, aunque a veces este no sea fácil.

- Tienes que comprometerte a cumplir tus objetivos para que no abandones el camino ante posibles tropiezos. Además, presta atención porque hay quien abandona sin darse cuenta cuando está llegando a la meta.

Creo firmemente que la vida nos pone desafíos para ver nuestro grado de compromiso con ese objetivo, así que recuerda: **llega quien persiste, no quien es más inteligente.** Yo lo llamo el poder del foco: la persistencia de seguir en la carretera de tu objetivo, porque no sabes cuán cerca tienes lo que quieres.

Haz siempre lo mejor y hazlo lo mejor que puedas

Tanto en la consecución de tus objetivos como en cualquier área de tu vida, haz siempre lo máximo que puedas. No importan las circunstancias, sean cuales sean estas, haz siempre lo mejor porque, si haces lo máximo, será esa acción la que te hará feliz.

Haz todo lo mejor que puedas y desvincúlate del resultado, es decir, no hagas las cosas esperando la recompensa, sino porque así lo deseas. Esto te traerá muchas enseñanzas, entre ellas, el aprender de tus propios errores para mejorar.

Para perseguir tus objetivos no tienes que sentirte obligado a alcanzarlos porque, si no, no funcionará; tienes que querer conseguirlos porque te llenan, te satisfacen a ti mismo. De este modo, te entregarás de tal manera que los resultados que obtendrás serán incluso de mayor tamaño que los imaginados.

> «¿Cuál es la tarea más difícil del mundo? Pensar».
> Ralph Waldo Emerson

Ahora solo nos queda analizar con qué cuentas a favor y en contra. El proceso de pensar y escribir las metas quizás te haga pensar «Uf, no sé, voy a continuar» o «Ya lo haré más adelante, ahora no es el mejor momento». Sin embargo, ¿sabes qué? Nunca es el mejor momento.

Esto es algo que aprendí hace tiempo. Recuerdo que con 25 años yo sabía que debía irme a estudiar inglés tras acabar mi máster, pero no era el *mejor* momento para hacerlo. Otra de mis pasiones es viajar, pero entonces tampoco era el momento porque el trabajo se había duplicado y lo importante era trabajar para ganar dinero, tener una vida mejor y desarrollarme profesionalmente. Y así podría continuar con una larga lista: la boda, hacer deporte, etcétera.

¿Por qué te cuento todo esto? Para decirte que yo también pensaba lo mismo, que **nunca es el momento perfecto para hacer lo que tienes que hacer y conseguir lo que deseas.** Y hay una cosa contra la que no podemos luchar: nuestro reloj de la vida no se detiene y ya ha empezado a correr, y con esto no quiero agobiarte, sino hacerte consciente de que no sabes cuánto tiempo te queda. Como te contaba en las páginas anteriores, yo perdí a dos de mis hermanos y puedo decir que he aprendido mucho de aquello: me hice consciente de que nos vamos, de que estamos de paso, y eso me ha ayudado a descubrir qué tipo de vida quería llevar. No sabes la pena que me da no poder tener ahora a mis hermanos y que vean mis logros, así que, por favor, aprovecha la vida, haz lo que quieras, sé quien quieras ser, porque no creo que haya nada peor que arrepentirse de no haber llevado la vida que querías, o lo que es más grave: haber llevado una vida conducida simplemente como respuesta de circunstancias externas, sin timón.

> «Nunca es el momento perfecto para hacer lo que tienes que hacer y conseguir lo que deseas».
> Diana Henri

Lo sé, tu mente te seguirá poniendo veinte mil excusas para que no lo hagas, pero lo que te pido aquí es que te comprometas a cumplirlo, porque, además, no sabes de qué manera te empodera.

Después de ponerme al volante de mi propia vida y hacerme completamente responsable de todo lo que me sucede, a veces creo que hasta me asusto de mí misma, porque me siento tan poderosa que no hay nada lo suficientemente grande con lo que no pueda. A pesar del miedo que siento en determinadas ocasiones, no hay reto que me haga pequeña, sino todo lo contrario. He aprendido a autogestionarme y ahora soy yo quien decide a dónde quiero ir, qué camino tomar y quién me acompaña. Por tanto, recuerda:

- Identifica qué quieres conseguir y por qué.
- Cree en lo que quieres, mantente confiado.
- Hazlo lo mejor posible.
- Confía en tu intuición. ¿Cómo puede ser que te fíes más de alguien de fuera que de lo que te dice tu intuición, tu voz interior? Sabes de lo que hablo: si la escuchamos, todos tenemos esa voz interior que nos guía, pero a veces subimos el volumen exterior para evitar escucharla. Sin embargo, esa voz sabe a dónde debes ir.
- Busca ese alguien que haga lo que tú quieras hacer o tenga lo que tú quieres. Imita a esa persona, consigue un mentor.
- Los de fuera no te solucionarán la vida, sin embargo, usa las críticas a tu favor de manera constructiva, pero sin dejar que sean ellos quienes definan quién eres. Cuando te digan algo, puedes seguir el procedimiento que te indico a continuación, porque solo engañarás al que ves en el espejo cada mañana, así que pregúntate y responde de manera honesta a la pregunta «¿Es cierto eso que dicen de mí?». Si tu respuesta es...
    - Sí: comienza la acción, analiza cómo mejorar.
    - No: al carajo, pasa a otra cosa.

Ahora piensa: ¿cómo puedes utilizar eso que te dicen para mejorar algún punto de tu personalidad?

Esto es importante, pues muchas veces desde fuera se pueden ver cosas que nosotros no vemos. Lo valioso siempre es conocernos a nosotros mismos y ser honestos, ya que entonces será más fácil usar la crítica del exterior para mejorar y no para conducir nuestra vida.

Plan y acción

Tener los objetivos por escrito es el primer paso del camino. ¿Cuántas personas conoces que no tienen sus objetivos por escrito? Yo, muchas. Ahora bien, te mentiría si te dijese que, si ya has escrito tus objetivos, te puedes echar a dormir porque se cumplirán solos. Evidentemente, eso no ocurrirá.

Aquí empieza la carretera de los pequeños pasos: empieza por el área que prefieras, pero empieza por una. Ahora tienes tres objetivos claros, uno por cada área personal, profesional y de ocio. Seguro que puedes hacer algo que te acerque a cada uno de ellos: enviar un *e-mail,* googlear, leer un libro, buscar un mentor, acudir a una conferencia, preguntar precios...

Cada paso que des te acercará a conseguir tus objetivos, así que sigue tu plan y mantente en movimiento.

METAS
ÔBJETIVÔ
PLAN

4.4 Los problemas siempre existirán

No hay mejor manera para vivir frustrados que pensar que existe una vida en la que llegará un momento en el que no habrá problemas.

Esto es algo que digo y repito a todos, pero a mi familia en especial. Cada vez que alguien de mi familia me dice: «Bueno, ya veremos, ahora no es el momento» me entran los nervios y les digo: «Después de todo lo que hemos vivido, ¿de verdad crees que tienes que esperar a que llegue un momento mejor?, ¿de verdad?».

Hay millones de cosas que se nos escapan y están fuera de nuestro control, por lo que tenemos que conseguir y perfeccionar nuestra habilidad para resolver problemas. En capítulos anteriores te he hablado de cómo evitar la preocupación y lo inútil que resulta, frente a las ventajas que ofrece la acción. También te he hablado del poder de tu mente y de tus creencias, en especial de cómo ellas nos afectan, así que ahora es el momento de utilizar todo lo que has ido leyendo.

Y recuerda lo que te dije al principio: **abre tu mente y lee activamente, porque te voy a ayudar a pasar de donde estás a donde quieres llegar.** Lo he hecho antes con decenas de personas, he visto cómo han cambiado su vida, y ahora es tu turno. Sin embargo, sin tu entrega es imposible. Seguro que te has encontrado en algún momento de tu vida con una situación en la que pretendes ayudar a alguien y da igual lo que le digas y lo que hagas, que no hay manera; es, como dice la expresión, darte golpes contra una pared. Y es que solo puedes ayudar a quien quiere ser ayudado, porque, como te decía antes, para que se produzca el cambio la fuerza interior tiene que ser más fuerte que la exterior, y es esa fuerza interior la que ejerce tal presión que te dará el impulso para conseguir lo que quieres. De otro modo, lo único que conseguirás será dolor de cabeza y desgaste de energía.

Enfócate en las soluciones, crea en ti el hábito de no preocuparte, sino de ocuparte.

Cuidado con lo que dices y te dices

Los pensamientos tienen resultados en nuestra vida. Los pensamientos vienen de tus creencias, y las creencias se crean por repetición o por alto impacto emocional. De esta forma, aquello en lo que te enfocas se expande en tu vida, así que decide en qué te quieres concentrar. Y tu vida es un reflejo de lo que piensas y lo que dices. Hay una fuerza muy poderosa que tiene el mismo poder para crear que para destruir. ¿Sabes cuál es?

Es el poder de la palabra. Las palabras son creadoras: creadoras de expansión o de creencias limitadoras. Por tanto, todo lo que digas que vaya contra ti es inadmisible: el peor error que puedes cometer en tu vida es rechazarte a ti mismo.

Comprométete a hablarte bien, porque creas lo que dices y refuerzas tus creencias. Cuando te hablas bien, te sientes bien, generas felicidad y paz dentro de ti, y eso hará que compartas tu bienestar con los demás, así que ya sabes, utiliza la palabra para romper las creencias que tanto tiempo te han estado limitando.

Cuanto más hablas de algo, más revives esa situación y más aparecerá de nuevo en tu vida, por tanto, cuidado con lo que dices y lo que te repites una y otra vez.

CURIOSIDAD Y PASIÓN

La curiosidad es una cualidad innata en los seres humanos. Es lo que nos hace explorar, buscar información a nuestro alrededor y aprender de todo. Sin curiosidad probablemente seguiríamos en las cuevas de nuestros antepasados, temerosos de descubrir el mundo.

A mí me encanta la curiosidad por las cosas, por aprender, por hacer, por salir, por descubrir... Me fascina porque es movimiento y me recuerda que el movimiento es vida.

Hasta ahora hemos hablado de la importancia de los objetivos, de establecerlos, de conseguirlos... Pero no te confundas, el objetivo no es el fin: el fin es progresar, desarrollarnos, crecer. Porque incluso antes de lograr esos objetivos es vital ir estableciendo otros, ya que lo más importante es el progreso y, al igual que les ocurre a las plantas, lo que no crece, muere.

Por tanto, llegados a este punto, creo que es fundamental que pongas en marcha esa curiosidad para averiguar tu pasión, tu propósito, el regalo que debes entregarle al mundo. Cuando hablamos de regalo, te darás cuenta inmediatamente de que es algo que está relacionado con dar: ofrecer ese regalo a alguien.

Todos llevamos un regalo para entregar a los demás y ese es el gran objetivo, lo que da significado a todo, el único sentido de seguir estableciendo y cumpliendo metas: descubrir ese don que lleva escondido tanto tiempo esperando ser entregado a alguien.

5.1 El poder de dar

Tienes que descubrir tu pasión, tu regalo: ¿qué harías sin que te pagasen?, ¿con qué te sientes superfeliz?, ¿qué actividad te hace perder el sentido del tiempo? Preguntas como estas y muchas más son las que debes hacerte para descubrir tu pasión.

Seguro que conoces a esa persona que lo tiene todo, a la que parece que todo le va bien, que es feliz. Probablemente se trate de alguien que ha encontrado su pasión y la disfruta plenamente.

Te voy a contar cómo lo descubrí yo. Verás que, cumpliendo con lo que digo, me establecía objetivos:

- Quería trabajar en una gran empresa, así que, cuando terminé mi carrera de Derecho y mi máster, empecé a trabajar en una asesoría jurídica de una gran empresa: objetivo conseguido.
- Quería mejorar mi inglés: objetivo conseguido.
- Quería cambiar de trabajo: objetivo conseguido.

Lo que te quiero mostrar con esto es que en mi área profesional buscaba siempre el crecimiento, pero muy pronto llegaba a aburrirme y sentía un vacío, tocaba techo rápidamente porque conseguía el objetivo, así que buscaba otro, lo alcanzaba e iba en busca de otro más grande.

En toda empresa en la que he trabajado he sentido pasión por mi trabajo, me involucraba en ellas como si fuesen mías y no me pesaban los lunes. Sin embargo, siempre llegaba un momento en el que tocaba techo porque conseguía todos los objetivos que me indicaban o que yo misma me imponía, entonces, ¿qué me faltaba? Porque tampoco era una cuestión de dinero... Yo sabía que necesitaba hacer algo que me llenara de verdad, algo que contribuyera a otro nivel. Y no dejaba de pensar en ello, sabía que mi vida laboral me daba muchas satisfacciones, pero, si me ponía a analizarlo con detalle, la parte que más me motivaba, la que me hacía levantarme con emoción para ir a trabajar, era la relacionada con los demás. Y es que lo más apasionante para mí es conocer personas y ayudarlas con mi conocimiento y mi trabajo. Eso es lo que me hace feliz, esa es mi recompensa: ver felices a los demás por algo que les digo o por ofrecerles mi colaboración.

Antes de descubrir esto yo también pasé por mi proceso de frustración. Me preguntaba cuál sería mi pasión si desde los 12 años ya sabía que quería estudiar Derecho; sin embargo, si supiese que todo iba a salir bien, ¿que haría?, ¿qué me hacía feliz?, ¿qué era eso en lo que todos coincidían que yo hacía bien?, ¿cuál era mi regalo para entregar al mundo? No entendía nada y, cuanto más leía, más me confundía. Sin embargo, tenía la clara convicción de que, cuando buscas, encuentras —así que cuidado con lo que buscas...—. Y fue buscando como realmente encontré mi pasión, eso que ya sabía, pero que nunca había pensado para mí, o que pensaba para mis adentros, pero me daba miedo expresarlo.

Lo descubrí en un evento de uno de mis mentores. Mientras lo veía en el escenario explicándonos y ayudando a tantas personas, recuerdo que pensé: «Ahí me veo yo». Sin embargo, ese pensamiento no dio lugar a nada más en aquel momento. Más adelante, lo hilé con el evento de una mentora en el que tuve ese mismo sentimiento: me sentí muy identificada con ella cuando nos contó cómo ayudaba a la gente a conseguir lo que quería, a tener la vida que deseaba, y cómo había cambiado su vida —aparentemente lo tenía todo para ser feliz, pero le faltaba algo— cuando encontró lo que realmente la llenaba y la hacía feliz. Al escucharla, me dije nuevamente: «Sí, eso es lo que a mí me encantaría». Mientras tanto, yo seguía acudiendo a eventos, leyendo tres o cuatro libros al mes, viendo vídeos..., hasta que di el primer paso y, entonces, todo cambió, porque cualquier camino empieza por ahí.

Así que, eso que has estado diciendo siempre que te gustaría hacer, hazlo ya. Hazlo y verás que irán apareciéndote señales y cosas relacionadas con ello, nuevas oportunidades: puede que de repente conozcas a alguien que se dedique a eso que tú quieres, o que abras una revista y justo en esa página haya algo relacionado con lo mismo, o que veas un libro sobre el tema...

Tu pasión tiene que estar relacionada con el poder de dar, porque esto es algo increíble y muy poderoso. Piensa en cómo te sientes cuando le compras un regalo a una persona que es especial para ti, puede incluso que en el momento en que lo estás comprando te emociones porque sepas que es lo que necesita, que lo quiere y le vendrá genial. No puedes esperar a que llegue el día para entregárselo, estás casi tan emocionado o más que quien lo recibe. Lo que te da el poder de dar (valga la redundancia) es mucho mayor que lo que das.

Todos nos sentimos mejor cuando damos un regalo que cuando lo recibimos.

Imagínate ahora compartiendo tu pasión de manera constante: ¿cómo crees que te puede hacer sentir?

Hay personas que consiguen un trabajo que odian, que les aburre o que les da igual, que no les apasiona, sino que simplemente lo hacen resignados porque reciben un sueldo que les permite vivir y, de vez en cuando, darse determinados caprichos, como irse de vacaciones en agosto.

Cada persona ha nacido con un regalo para compartir con el mundo, no sé cuál es el tuyo, pero tu obligación es averiguarlo. Descubrir tu pasión debe ser tu gran objetivo. Será ese propósito el que te haga vivir en la abundancia, esto está al alcance de todo del mundo, pero no todo el mundo se cree merecedor de una vida así.

Quizás estás en un momento de tu vida en el que no sabes qué quieres, no sabes lo que te pasa, parece que lo tienes todo, pero no eres feliz; puede que tengas un trabajo que odias o que intuyas que puedes tener una vida mejor, pero no sabes dónde encontrarla ni si tu intuición está en lo correcto. Es normal que te ocurra esto, todos pasamos por momentos así. Para darte respuestas he dedicado muchas horas de estudio, he recogido la mejor información y, si quieres profundizar, te recomiendo que leas mi libro *Descubre tu pasión*. Porque no hay edad para encontrar tu pasión y no existe el camino correcto o incorrecto para llegar a ella. Lo que hay es una única realidad: todos queremos poner el mismo destino en nuestro GPS. ¿Sabes cuál es? Ser felices. Y después de estudiar cientos de libros sobre el tema y a muchas personas de éxito de todas las clases y razas, he descubierto una conclusión: la felicidad te la da el progreso y la contribución a los demás.

Todo lo que hacemos en esta vida tiene como destino ser felices. Sin embargo, hay que tener presente el equilibrio en lo que deseas. Esta antigua leyenda te ayudará a entenderlo:

Un mendigo llamó a la puerta de un emperador a primera hora de la mañana. El emperador iba a salir a dar un paseo matutino en su precioso jardín; de no ser por esta circunstancia hubiera sido difícil que el mendigo se hubiera encontrado con él, pero en ese momento no había ningún guardián que se lo impidiera.

—¿Qué quieres? —dijo el emperador.

—¡Piénsatelo dos veces antes de preguntar eso! —dijo el mendigo.

El emperador nunca había visto antes a un hombre tan fiero; había batallado en la guerra, había obtenido grandes victorias y había dejado claro que no había nadie más poderoso que él, ¡y de repente este mendigo le decía que pensara dos veces lo que decía porque igual no era capaz de realizar su deseo!

—No te preocupes —respondió el emperador—, déjalo de mi cuenta; ¡pide lo que quieras y se realizará!

—¿Ves este cuenco de mendigar —preguntó el mendigo—? ¡Quiero que se llene! No me importa de qué, la única condición es que se llene. Aún estás a tiempo de decir que no, pero, si dices que sí, estarás corriendo un riesgo.

El emperador se echó a reír. Un cuenco de mendigar... ¿y le daba una advertencia? Le dijo a su ayudante de cámara que llenase el cuenco de diamantes para que aquel mendigo se enterase de a quién le estaba pidiendo.

El mendigo volvió a decirle: «Piénsatelo dos veces». Y pronto empezó a quedar claro que el mendigo tenía razón, porque en el momento en que se vertían los diamantes en el cuenco, desaparecían.

Los rumores se extendieron inmediatamente por toda la capital y miles de personas se acercaron a observar lo que pasaba. Cuando las piedras preciosas se acabaron, el emperador dijo: «Traed todo el oro y la plata, ¡traedlo todo! Mi reino e incluso mi integridad están amenazados». Pero antes de llegar la noche había desaparecido todo y solo quedaban dos mendigos: uno de ellos había sido emperador.

Entonces el emperador dijo: «Antes de pedirte perdón por no escuchar tus avisos, por favor, dime el secreto de este cuenco de mendigar».

—No hay ningún secreto —dijo el mendigo—. El cuenco está hecho de deseo humano. Todo lo que eches dentro desaparecerá.

Tienes que asegurarte de que tu propósito de vida no sea como el cuenco del mendigo, un pozo sin fondo, para que no te pases el tiempo esperando que siempre otra cosa te haga feliz, estudiando y reflexionando para conseguirlo, porque te volverás a encontrarás la misma conclusión: la felicidad no se consigue por acumulación de bienes, sino cuando ves que en tu vida hay un progreso continuo y, además, con lo que haces ayudas a otros. Busca el equilibrio en las diferentes áreas y trabaja con un propósito.

Si la palabra *propósito* te suena muy fuerte, cámbiala por la que quieras, a mí, por ejemplo, también me gustan *pasión o proyecto*.

El mío es poner a tu servicio el conocimiento que he ido acumulando durante años, con el objetivo de ayudarte a ser más feliz. Esta es la razón de ser de todo lo que hago: de mis libros, de las conferencias y las charlas, de los servicios y las mentorías... Todo tiene el mismo fin: que más personas tengan las herramientas necesarias para tomar el control de sus vidas y disfrutarlas plenamente.

Cuando tienes un propósito bien definido es como cuando tienes marcado el destino en el GPS: sabes hacia dónde vas y, por tanto, el camino es mucho más placentero. Además, tener un proyecto te ayuda cuando otras áreas no van tan bien como quisieras, recuerda la importancia del balance y del gran porqué.

Si vives con un propósito claro, cuando algo se tuerza, será más fácil no rendirse y seguir en el camino que marcaste, porque encontrar tu proyecto es hacer que encajen todas las piezas del puzle, es como decir: «Ahora sí, ya lo entiendo todo».

5.2 En busca de tu propósito

«No permitas que el ruido de las opiniones ajenas silencie tu voz interior. Y, lo que es más importante, ten el coraje de hacer lo que te dicten tu corazón y tu intuición. De algún modo, ya sabes aquello en lo que realmente quieres convertirte».

Daniel Goleman

Descubre qué es eso que te emociona, lo que te hace saltar de la cama para ponerte manos a la obra. Prueba y prueba hasta que encuentres lo que te gusta realmente, y recuerda ser flexible por el camino y también cuando llegues a tu destino. Porque tú eres el único que puede tomar decisiones sobre tu vida.

Mi proyecto es inspirarte a ti y trasladar mi mensaje a millones de personas, hacerlo a través de mis experiencias y de los conocimientos que he ido adquiriendo y a los que me ha llevado mi curiosidad. Lo que quiero que aprendas es que puedes vivir la vida que desees y ser feliz. Mi objetivo siempre ha sido ayudar a los demás a resolver sus problemas y también a encontrar su pasión. De hecho, como te he comentado en el capítulo anterior, le he dedicado todo un libro a este tema.

Y ahora te toca a ti. Deja tu cabeza atrás y pasa a la acción. No necesitas saberlo todo para dar pequeños pasos que te acerquen a donde quieres llegar. Empieza con uno, pero empieza, pues, si a una decisión no le sigue una acción, no estaremos hablando de decidir.

Empieza con una decisión pequeña, un paso que sientas que es correcto porque te acerca a donde quieres estar. No va a ser fácil, pero es posible y eso es lo importante; te encontrarás con piedras durante el camino, pero agradece incluso esas piedras, porque van a ser las que te permitan crecer y llegar a donde quieres. Piensa que cualquier pasito te acerca a tu objetivo, así que mantén una buena actitud y agradece las cosas que te vayan pasando.

Si tienes trabajo, probablemente tengas que seguir en él, pero da las gracias por ello, no te enfades si ese cliente te saca de quicio, agradece que te está dando la oportunidad de invertir el dinero que recibes de él en los pasos que te acercan a tu pasión, cualquiera que sea esta.

Cuando empieces el camino, recuerda disfrutar de lo que haces mientras te diriges a lo que quieres conseguir, porque verás que, de repente, todo parece alinearse a tu favor y empiezan a ocurrirte coincidencias relacionadas con eso. ¿Sabes por qué? Porque donde ponemos el foco fluye la energía.

Cuando tengas tus objetivos claros, esos que te van a llevar a desarrollar tu pasión, te recomiendo algo: imitar, buscar y enfocarte.

- Mira a tu alrededor y busca qué y quién te hace sentir bien, qué te gusta de la vida de otras personas, sus aficiones, sus rutinas, sus costumbres, sus gustos...

- En las revistas, mira qué te gustaría probar, dónde te gustaría ir o vivir.

- Lee, porque los líderes son lectores y no imaginas la capacidad sanadora de los libros; a veces, son mejores que la medicina. Yo puedo asegurarte que ellos han sido mi mejor medicina cuando he pasado por momentos de desafío o en los que buscaba cómo mejorar mi vida. Por ello, te recomiendo que busques libros sobre los temas que te interesen, porque seguro que no eres el único que ha tenido ese problema que tú sufres actualmente o que tiene esa duda que te quita el sueño, así que lee, porque en los libros está la solución a todo.

Y, por último, déjame decirte algo más: si lo que quieres conseguir te parece muy grande, tanto que te avergüenzas solo de pensarlo, ves imposible que se haga realidad, te entra mucho miedo y te escudas en el «no sé...», escucha tu voz interior y empieza a pensar cuáles son esos momentos en los que pierdes la noción del tiempo. Analiza qué cosas disfrutas y qué otras no, qué te encanta hacer y qué odias, tanto en tu vida personal como profesional. No te pongas excusas, porque esto te dará las señales de a dónde quieres ir. No dejes tu vida en manos de las circunstancias o de tus miedos, recuerda que puedes llevar la vida que quieras.

> «La pregunta del millón de dólares… ¿Por qué la gente no aprovecha las grandes oportunidades que tiene a su alcance? ¿Por qué no permite que sus sueños se hagan realidad? Porque eso significa que el resto del mundo no te entenderá. Y necesitamos que los demás nos entiendan, es algo fundamental, es muy importante para nosotros».
>
> Sebastian Marshall

5.3 El ikigai

Ikigai es el propósito en acción. Es un concepto japonés que significa "la razón de vivir" o "la razón de ser". Todo el mundo, de acuerdo con la cultura japonesa, tiene un *ikigai*, y encontrarlo requiere de una búsqueda en uno mismo, profunda y a menudo prolongada. Se considera que esta búsqueda es importantísima porque el descubrimiento del propio *ikigai* trae satisfacción y sentido de la vida.

> «Todos tenían un *ikigai*, una motivación vital, una misión, algo que les daba fuerzas para levantarse de la cama por las mañanas».
>
> Francesc Miralles

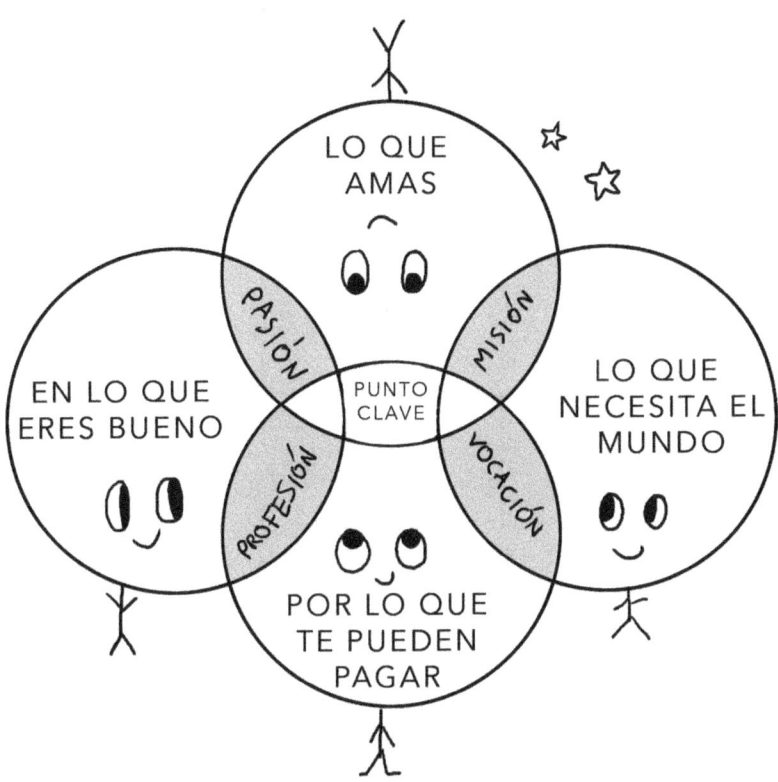

Busca tu motivación porque, aunque pienses que no tienes ninguna habilidad especial, tú también tienes un *ikigai*, y ese es tu regalo al mundo.

«El objetivo es identificar aquello en lo que eres bueno, que te da placer realizarlo y que, además, sabes que aporta algo al mundo. Cuando lo llevas a cabo, tienes más autoestima, porque sientes que tu presencia en el mundo está justificada.
La felicidad sería la consecuencia».

Francesc Miralles

LAS EMOCIONES, LA ENERGÍA Y TU ENTORNO

Capítulo 6: Las emociones, la energía y tu entorno

E n este capítulo vamos a ver la importancia de tus estados emocionales y de cómo estos determinan la calidad de tu vida.

No quiero que elimines tus emociones negativas, sino que aprendas a vivir con ellas y a hacer una buena gestión de las mismas. A veces solo necesitas corregir tu estado emocional para tomar una mejor decisión y para que tu energía y tu entorno cambien.

Nada te sucede por casualidad, tus creencias y tus emociones son las que están provocando esos resultados que estás obteniendo. Si te encuentras en un estado de negatividad, baja autoestima y miedo, ¿de verdad crees que así podrás decidir mejor?, ¿no te parece que tomarás mejores decisiones desde un estado de seguridad, confianza en ti mismo y positividad?

Con un estado adecuado, tomarás mejores decisiones y serás capaz de exprimir tu potencial al máximo para sacar lo mejor de cada situación.

«Existe una clara evidencia de que las personas emocionalmente desarrolladas, es decir, las personas que gobiernan adecuadamente sus sentimientos y que saben interpretar y relacionarse efectivamente con los sentimientos de los demás, disfrutan de una situación ventajosa en todos los dominios de la vida».
Daniel Goleman

6.1 Tus emociones determinan tu vida

Tu estado emocional es el que, junto con tus pensamientos, está creando tus resultados.

Recuerda: creencias → pensamientos → emociones → acciones → resultados.

Las emociones no son malas, de hecho, hay una película de Pixar que lo explica muy bien: *Inside out (Del revés)*. La finalidad del director de la película es explicar cómo nos afectan las emociones ante un desafío o una determinada situación en nuestra vida. Pixar contó con la colaboración de Paul Ekman, un prestigioso psicólogo especialista en el tema de las emociones.

La explicación de las emociones que se hace en la película es la siguiente: la protagonista de la película, Riley, es una niña de 11 años que deja atrás su ciudad natal y se muda a San Francisco porque trasladan a su padre por trabajo. Debido al cambio de ciudad, la protagonista experimenta diversas emociones al abandonar su casa, su colegio, sus amigos...

Los personajes de la película son: alegría, tristeza, ira, miedo y asco. Al llegar a la nueva casa, bastante más fea que la anterior y completamente vacía, empiezan a intervenir los personajes en la mente de Riley:

- **Alegría**: se ríe al ver lo fea que es la casa y ve una oportunidad para jugar al *hockey* en ese espacio tan vacío, ya que no hay posibilidad de romper muebles. Es un estado de energía alto que ayuda a ver las cosas desde una mejor perspectiva, incluso en las situaciones más difíciles.

- **Tristeza**: anda cabizbaja, solo ve el lado negativo del cambio, pierde el apetito y no tiene ganas ni de jugar. La tristeza es una emoción que lleva tu energía a unos niveles muy bajos, sin embargo, el director presenta la importancia de esta emoción porque te pone en alerta ante algo que no va bien, te avisa de que necesitas un cambio.

- **Ira**: te hace perder el control, aparece cuando consideras que has sido tratado injustamente y te sientes herido. Como hemos venido hablando, las emociones vienen después del pensamiento, así que puedes sentir ira cuando vives una situación como si se tratara de una injusticia, una falta de respeto o un obstáculo. Sin embargo, si la usas en tu favor, es una emoción necesaria y beneficiosa para resolver conflictos, te energetiza, te informa de situaciones injustas y te ayuda a buscar el modo de resolverlas. En la película se ve que la protagonista no expresa sus emociones de tristeza y frustración y llega un momento en que explota y aparece la ira en una mala contestación a su padre.

- **Miedo**: su objetivo es la supervivencia, tiene la función de protegerte y, si lo usas en su justa medida, te evitará determinados tropiezos; en cambio, si lo dejas crecer más de lo debido, se convertirá en una montaña de terror que te paralizará.

- **Asco**: es el que se encarga de que no olamos mal, de que vayamos bien vestidos, de que no comamos ni bebamos algo en mal estado, etc. En definitiva, el asco se encarga de protegernos y de que no hagamos algo que nos vaya a sentar mal.

La moraleja de la película es:

- Las emociones están conectadas con nuestra experiencia pasada.
- No se deben esconder ni enterrar las emociones, porque saldrán a la luz tarde o temprano.
- En determinadas situaciones, la emoción es la primera que aparece, así que si las analizamos podremos obtener bastante información.
- Es importante ser conscientes de la utilidad de todas las emociones, pues cada una tiene su misión y podemos utilizarlas a nuestro favor.
- La interpretación que hacemos de las situaciones que vivimos es la que nos conduce a unas u otras emociones.
- Observando las emociones podemos ver la situación desde otra perspectiva.

6.2 Técnicas para cambiar de estado

Tú eliges tu estado de ánimo, tú eliges cómo te sientes. Lo que estás pensando o lo que estás sintiendo en cada momento depende de en qué te estás enfocando o concentrando.

La PNL (programación neurolingüística) nos explica que debemos tomar el control de la mente, ser conscientes de lo que estamos experimentando en cada preciso estado y momento. La finalidad de ello es buscar la manera en la que los estados nos beneficien y no nos perjudiquen, por tanto, tienes que volverte un experto en su manejo. Para conseguirlo, la clave está en tener una larga lista de actividades que te hagan sentir bien y que al hacerlas te provoquen un cambio rápido y te lleven del dolor al placer.

Es importante controlar cómo nos sentimos y lo que estamos experimentando en todo momento, porque, según interpretemos las circunstancias, actuaremos, y eso será lo que nos lleve a tener una vida u otra. No es cuestión de tomar pastillas, es cuestión de qué significado le queremos dar a las cosas que nos ocurren.

Es tu turno

Escribe ahora mismo tu listado del placer:

Capítulo 6: Las emociones, la energía y tu entorno

Escribe:

#ConducetuVida

No pases de página hasta que lo tengas y ve ampliándolo con el paso del tiempo, pues será una de tu listas de recursos más importantes. Recuerda que en un buen estado eres capaz de conseguirlo todo.

A continuación voy a explicarte diferentes técnicas que harán posible el cambio de estado.

1. El poder de la visualización

Ve a ese recuerdo que guardas en tu mente, ese momento en el que no parabas de reír con tus amigos o familiares, o ese en el que liderabas un proyecto y todos confiaron en ti, y te aplaudieron y felicitaron por los buenos resultados.

Ve a una de esas situaciones con las que, solo de imaginarla, se te dibuja una sonrisita en la cara. Cierra los ojos y observa todo lo que pasaba alrededor: cómo te hablaban, lo que tú decías, qué sonido había, cómo te sentías... Intenta cambiar tu respiración y alcanzar un estado de tranquilidad.

Ahora, como si de una película se tratara, dale color, aumenta el brillo y fíjate en una escena que no puedas olvidar en la que visualices el momento más feliz. ¿Te funciona? Si no, haz la imagen más grande, ponle más brillo, sube el volumen. La clave está en revivir ese momento feliz como si estuviese pasando ahora mismo.

Nadie puede hacerte sentir de un modo que no quieras, es tu elección experimentar lo que sientes. Tú decides, así que elige lo que te beneficie y haz lo que sea necesario para cambiar tu estado de ánimo.

Lo primero que has de aprender es a dominar tus emociones conscientemente, de esta forma, sabrás cuándo necesitas aplicar un cambio de estado, independientemente de lo que esté sucediendo. Recuerda que la manera en que te sientes influye en lo que haces, por tanto, es mejor tener un estado de ánimo que te empodere y con el que digas: «¡Venga, que yo puedo!».

2. La importancia de la respiración.

Otro camino para producir un cambio de estado puede ser modificar la respiración.

Si hay algo importante en nuestra vida es respirar, tan simple pero tan olvidado. Una respiración correcta te ayudará a controlar tu ansiedad y tu nerviosismo, y te conducirá hasta un estado de tranquilidad.

Si el aire que mandamos a los pulmones es escaso, nuestros órganos sufren y nuestra sangre no se oxigena correctamente. Cuando esto ocurre, es más fácil agravar un estado de ansiedad o de estrés.

Probablemente en este momento tu mente te esté diciendo: «Estupendo, pero respirando no voy a solucionar mi problema». Estoy de acuerdo contigo, obviamente la respiración no es una máquina de resolver problemas, pero sí que te ayudará a disminuir la tensión y la ansiedad que te los provoca. Y no hace falta que te repita lo importante que es partir de un buen estado para poder resolver un problema desde un mejor escenario, ¿verdad?

Cambia el enfoque: la clave está en tener un baúl de opciones de cambio de estado al que recurras conscientemente cuando sea necesario. La visualización y la respiración pueden ser dos de ellas. Elige llenar tu baúl de situaciones o recursos que te empoderen y no de vías de escape, como el alcohol, que te provoquen el efecto contrario.

3. La alegría del movimiento

El movimiento nos ayuda a cambiar de estado. A continuación te muestro una técnica que uso con mi hijo: la costosísima, dificilísima y complicada técnica de saltar. Sí, sí lo que lees: saltar. Es imposible que alguien esté triste saltando.

Una noche en la que mi hijo me decía que no quería irse a dormir —es una lucha continua el explicarle que debemos dormir cuando él solo quiere jugar, bendita energía la de los niños...— y que le daba miedo la muerte —creo que algo debió de oír en el cole al respecto, porque me preguntó que qué pasaría si su padre y yo moríamos y le dejábamos solito—, tras explicarle y decirle que no era momento de preocuparse por eso, cuando ya estaba tranquilo, listo para dormirse, se vuelve a incorporar, enciende la luz de su mesita de noche y... ¡se pone encima de la cama a saltar! Y me dice: «Es que, como estaba triste, así me duermo contento».

Créeme, es inmediato: saltas y te empiezas a reír a los pocos segundos, seamos adultos o niños, porque el movimiento nos ayuda a cambiar de estado, es mágico. Así que muévete, sal a andar, baila, haz ejercicio.

4. Tus preguntas y tus emociones

Tony Robbins, orador motivacional y uno de los mejores autores de libros de desarrollo personal, nos advierte de que debemos tener cuidado con lo que nos preguntamos: «La calidad de nuestras vidas está determinada por la calidad de las preguntas que nos hacemos».

Hacerte buenas preguntas te colocará en un mejor estado que hacerte preguntas con las que te sabotees. Observa que hay preguntas que son limitadoras y otras que nos impulsan:

1. «¿Por qué nadie me entiende?» frente a «¿Cómo puedo crear más empatía con los que me quieren para que puedan entenderme?».

2. «¿Por qué me pasa a mi esto?» frente a «¿Qué puedo aprender de esta situación?».

Según las preguntas que te hagas, así determinarás tu vida. En todo lo que te ocurra hay una parte de aprendizaje, y las preguntas que nos planteemos al respecto nos ayudarán a enfocarnos.

5. El cambio de perspectiva

La perspectiva es como las lentes con las que vemos el mundo: hay personas que lo ven todo negro y otras, todo blanco.

Nuestras circunstancias en el pasado son las que nos hacen ver en el presente las cosas de una manera u otra y, con la perspectiva, podemos utilizar la lente que nos empodere.

A lo mejor tu mente te está haciendo pensar: «Sí, claro, como si fuese tan fácil... Además, eso es esconderse del problema». No, todo lo contrario, esto no es hacer como un avestruz, que esconde la cabeza para no ver la realidad. Utilizar la perspectiva a nuestro favor implica colocarnos en un mejor punto de vista frente al problema para afrontarlo de la mejor manera posible. De hecho, te diría que, con el tiempo, podemos reírnos de casi cualquier circunstancia que en un primer momento nos pareció negativa y nos hizo llorar.

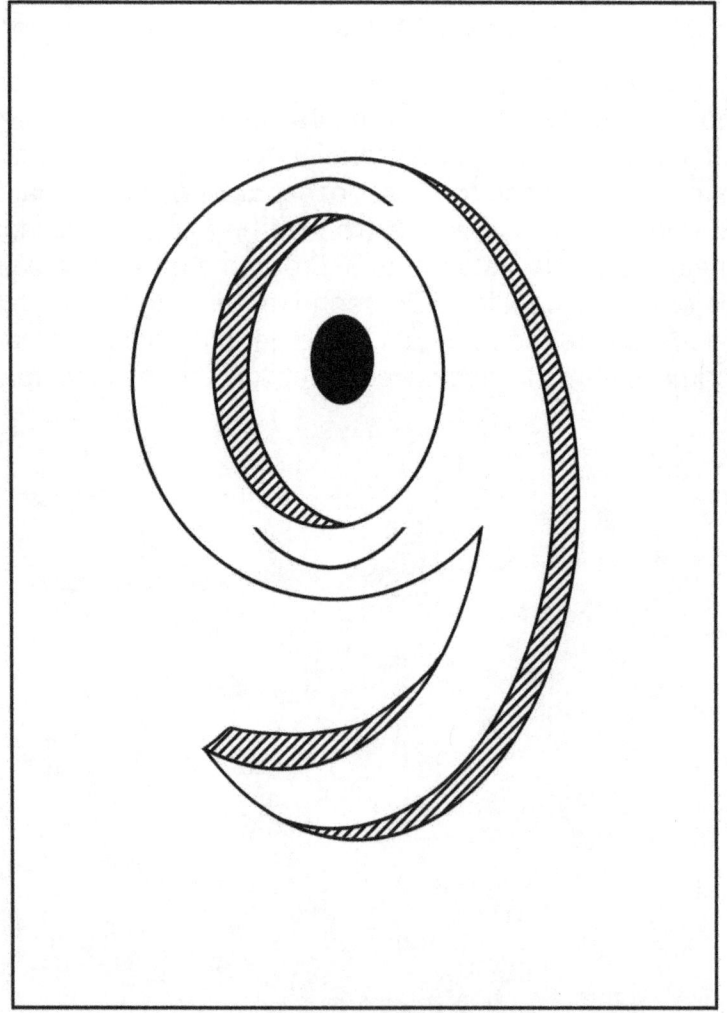

6.3 Ten cuidado con las personas que te rodean

Los que están arriba te ayudan a subir y los que están abajo te agarran para no perderte.

Cada uno tiene creencias diferentes y derecho a vivir según sean estas. Cada uno tiene también sus propias opiniones sobre algo y puede que sean similares a las tuyas o no. Puede, incluso, que una misma persona tenga creencias contradictorias...

Seguro que has escuchado esa frase de Jim Rohn que dice: «Eres el promedio de las cinco personas con las que más tiempo pasas». Lo que quiero explicarte en este punto es que las creencias similares quieren estar juntas y apoyarse mutuamente.

Como ser humano, eres un ser social por naturaleza, vives rodeado de personas y estas ejercen de un modo u otro cierto impacto en tu vida. A algunas de esas personas las has elegido tú y otras no. Pero, recuerda, tú tienes el poder de decidir con quién pasas más tiempo.

Cuando sales con ganadores, hablarás de ganar; cuando sales con pesimistas, hablarás de negatividad; si vas con gente positiva con creencias que empoderan, hablarás sobre ello.

Se escucha mucho la frase de «La familia no la eliges, pero los amigos sí». Por ello, rodéate de la gente que te ayude a sumar, no la que reste; de aquellos que tengan una mente abierta y te empujen a conseguir lo que anhelas, no de los que te quieren proteger por miedo.

Es muy importante que te rodees de las personas adecuadas, así que, si debes cambiar de amigos, hazlo ya, aunque esto te suene fuerte. Busca esos amigos con creencias similares a las que quieres, tienes o deseas, esos que te ayudarán a crear la vida de tus sueños. Y te repito, si tus amigos son un grupo de víctimas que siempre responden «Uf, cansado...» a un «¿Cómo estás?», suena a que, en lugar de correr sangre por sus venas, corre agua y la energía no saben ni lo que es.

Es momento de que tú cambies, y alguien negativo solo te va a robar la energía e intentará que tú entres en su mismo nivel de vibración: de pesimismo, de supervivencia.

Sé que esto puede que no te guste, quizás porque tú seas esa persona negativa de la que hablaba. Yo parto de la base de que todos somos buenas personas, y es que no es contradictorio que seas una persona maravillosa y que vibres en un estado de negatividad y de queja. Si lo eres, está en tus manos cambiar y, para ello, has de tener dos ideas claras:

1. Si eres tú ese amigo pesimista que lleva la vida a cuestas, va sobreviviendo y permanece en la queja continua, o cambias o te quedarás con gente como tú, que te mantendrá donde estás porque a las víctimas les gusta alimentarse con las penas de los demás y tener razón.

2. Si eres justo lo contrario y te rodeas de gente como las identificadas en el párrafo anterior, me siento en la obligación de decirte que, si no cambian, deberías alejarte de ellos. La queja, el pesimismo y la negatividad no te van a ayudar a conseguir nada bueno.

También me siento en la obligación de decirte que no les gustará que te rodees de gente que te inspire, entusiasta, con ganas de vivir y celebrar la vida, así que puede que te critiquen, que se enfaden y que te digan que cómo has cambiado —para peor, según ellos—; otros te dirán que eres mala persona, algunos llorarán porque dirán que te echan de menos y que, después de todo lo que han hecho por ti, parece que no te importan. Sin embargo, recuerda que quien te quiera se unirá a tu vida y el que no, seguirá quejándose y en su posición de víctima. Este es el camino que debes seguir si realmente quieres transformar tu vida.

¿Por qué se enfadarán algunos?

Siempre te encontrarás personas que parecen adictas a la queja y al victimismo. Hay personas que se enfadan porque tienen la convicción de que están en lo correcto, que la vida es así, sufrimiento y queja, y no están por la labor de ponerse en evidencia cuestionándose si tienen razón o no. Tienen esa convicción tan consolidada porque han vivido experiencias que les han hecho vincular dicha creencia con unos niveles de dolor que no quieren experimentar.

Por ejemplo, imagina que alguien inició en el pasado un negocio y le fue muy mal, se arruinó, aquello le hizo pelearse con su familia y romper con su pareja, y, por tanto, ha asociado el emprender con el dolor. Si tú llegas y le dices que es posible emprender y tener éxito, te responderá: «No tienes ni idea de lo que hablas, quédate en ese trabajo, aunque no te guste, es lo que hay. La vida es así».

Ante una situación así, puedes creer a esa persona y aferrarte a su convicción o acercarte a alguien que te cuente su experiencia positiva sobre emprender. Alguien que haya tenido éxito te contará los desafíos y los fracasos que tuvo, y te dirá que no fue fácil, pero que está convencido de que es posible.

¿Con quién pasas más tiempo? Rodéate de gente con tus mismos principios y con creencias que empoderen, queda con aquellos que estén obteniendo los resultados que tú quieres, porque detrás de esos resultados hay una larga lista de creencias que te ayudarán y harán posible que tú también los alcances.

6.4 El poder del perdón

Las heridas físicas las tratamos de curar lo más rápido posible, buscamos e investigamos cómo hacerlo y que no dejen huellas, pero ¿qué pasa con las heridas emocionales?, ¿haces lo mismo o te recreas en ellas una y otra vez?

El pasado es pasado y no podemos cambiar lo sucedido, sin embargo, cuando te hablo del poder de perdonar es porque es fundamental vaciar tu mochila de piedras si quieres construir un futuro mejor. Si no la vacías, esa carga impedirá que avances a la velocidad que quieres y, además, se romperá por el peso y eso te causará frustración.

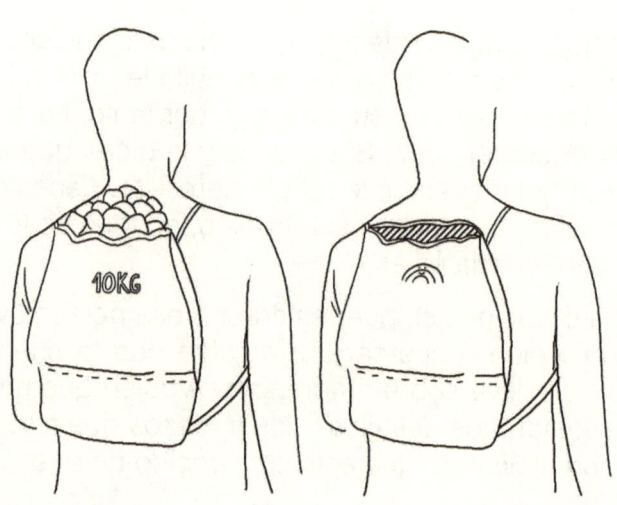

«La ira es un veneno que uno toma esperando que muera el otro».

William Shakespeare

Perdonar tu pasado o perdonar a alguien no es cuestión de tener piedad de los demás, es cuestión de quererte a ti mismo. Hazte un favor y deja el pasado en el pasado, pasa página. Cuando alguien te haya hecho algo que realmente te haya dolido, piensa nuevamente que se trata de ti, no de ellos. Deja a esa persona fuera, deja el pasado atrás, porque si no tienes nada o a nadie con quien cabrearte, no lo harás.

Utiliza tu pasado para crear un mejor futuro, no para estancarte en el sufrimiento. Como te decía en capítulos anteriores, el dolor es irremediable, pero el sufrimiento es opcional, así que, ante la opción de perdonar y dejarlo ir, no te lo pienses dos veces.

Llevar la razón no te va a dar la felicidad, así que déjalo pasar. No hagas un drama sobre tu pasado ni sobre aquello que te hizo esa persona. Olvida todas las expectativas, no esperes nada de nadie, solo desea lo mejor.

¿Quieres ser feliz o tener razón? Si te quedas con la primera opción, tienes que perdonar, no porque quien te haya hecho daño se lo merezca o no, sino porque tú vales más que nadie en este mundo y no te mereces seguir con ese veneno dentro.

Cuando empieces a perdonar a todos —padres, amigos, relaciones...—, finalmente te perdonarás a ti mismo y te aceptarás tal y como eres. Sabrás que has perdonado cuando el hecho que te dolió no despierte en ti ninguna emoción. Cuando has perdonado completamente, ya no tienes nada más que decir al respecto y solo sientes agradecimiento por esa experiencia.

Greg Barden dice que la clave del éxito en esto es trascender las cosas que te han herido sin perderte en la experiencia. Martin Luther King Jr. no detuvo el odio con más odio, Nelson Mandela no podría haber sobrevivido más de dos décadas en una prisión de Sudáfrica si hubiese despreciado y odiado a la gente que lo encarceló. Por el mismo motivo, es imposible acabar con la guerra creando más guerras.

En resumen, en un universo que refleja nuestras creencias, es evidente que la gente enfadada no puede crear un mundo pacífico. En tus manos está el universo que quieres crear para ti. No lo llenes de rencor e ira. Deja ir y prepárate para todo lo bueno que entrará en su lugar.

Pero, antes, vas a tener que aprender a bailar...

7

APRENDE A BAILAR CON EL MIEDO Y TUS EMOCIONES

Capítulo 7: Aprender a bailar con el miedo y tus emociones

Anteriormente te hablaba de las emociones y de que estas son las responsables de los resultados en tu vida, ¿recuerdas? Ahora te quiero hablar de una emoción que considero muy importante y que tiene dos extremos increíblemente potenciadores: se trata del miedo.

El miedo puede ser bueno y malo. El miedo *bueno* es el que te protege del peligro y te ayuda a mantener en alerta todo el cuerpo ante determinadas circunstancias; el miedo *malo* es el que te colapsa, te paraliza y disminuye tus acciones e ilusiones.

El miedo siempre lo vas a tener a tu lado cogiéndote de la mano, pero, una vez más, dependerá de ti cómo lo utilices. ¿Lo usas para crecer? Recuerda: lo que no está creciendo está muriendo.

En mi libro **Abraza tu éxito** explico cómo las personas exitosas en las diferentes parcelas de su vida utilizan el miedo a su favor, para retarse, crecer y llegar adonde están. Y para ser como estas personas, vas a tener que salir de una zona que probablemente te va a sonar: tu zona de confort.

7.1 ¿Qué es la zona de confort?

La zona de confort es esa posición en la que dominas una situación porque es lo único que conoces. En este punto a tu mente le da igual si es una situación cómoda o incómoda, pues lo que realmente le preocupa es si la situación es conocida o no.

Si lo es, perfecto. ¿Por qué perfecto? Porque tu mente quiere control y seguridad, no riesgos, incertidumbre o situaciones nuevas que le puedan proporcionar dolor y que, por tanto, rechazará.

Cuando te planteas que quieres algo y ese algo está fuera de tu zona de confort, saltarán las alarmas de tu cerebro. Sin embargo, tienes que salir de esa zona en la que te sientes seguro (pero incómodo, estancado e infeliz) y entrar en una nueva que te haga crecer. De esta forma, irás dando pequeños pasos hacia el lugar en que quieras estar.

Si no estás contento con tu vida actual, lo primero que tienes que hacer es empezar a expandir tu zona de confort. ¿Quieres saber si estás en ella? Estas son algunas señales que lo confirman:

- La desilusión inunda tus días.
- No tienes motivación por las cosas.
- Te falta iniciativa.
- Te sientes triste, infeliz, desdichado.
- Estás siempre cansado o tienes una excusa para no hacer eso que deberías.
- Te aburres con facilidad.
- Estás en una relación que no te hace feliz, pero no sales de ella.

Capítulo 7: Aprender a bailar con el miedo y tus emociones

- A veces piensas: «Nada de lo que haga va a mejorar mi situación, necesito a alguien que lo haga conmigo porque solo yo no puedo».
- Sabes que tienes talento en algunas áreas, pero no haces nada para aprovecharlo.
- Siempre piensas que te faltan los recursos para hacer lo que quieres.

¿Te ha sonado la campanita en alguno de estos ejemplos que te he dicho? Si tu respuesta es sí, a continuación te doy unas pautas para salir de tu zona de confort:

- En primer lugar, reconoce que tienes miedo y asume que tienes que aprender a bailar con él porque no va a desaparecer de tu vida.
- La mente te dará un millón de excusas para mantenerte donde estás, para hacerte ver que hay mucho peligro ahí fuera, pero tienes que darte cuenta de esa situación y vencer esas barreras.
- Todo camino empieza dando el primer paso, así que empieza poco a poco: los pequeños avances te darán motivación para continuar.
- Te hablaba en capítulos anteriores de la importancia de la acción y de que una decisión sin acción no es nada. Sin embargo, además de la acción tiene que haber un plan, un mapa: créate una lista de esos primeros pasos que debes ir dando para salir de tu zona de confort.
- Rodéate de personas que estén en continuo crecimiento y retándose a sí mismas para expandir esa zona de confort. En mi comunidad social encontrarás el espacio para compartir tus aprendizajes con otras personas[6].
- Confía en que tienes todo lo que necesitas dentro de ti para lograrlo.

---
6. Puedes utilizar el *hashtag* #ConducetuVida.

- Haz los cambios que tú quieras, lucha por conseguir aquello que anhelas desde hace tiempo, no lo que otros desean. Escucha y sigue tu intuición.

7.2 El poder de vivir el presente

No saber qué va a pasar te genera ansiedad, y el miedo a qué ocurrirá en el futuro te genera frustración por no lograr ese cambio que quieres, pero ten en cuenta que aquello que anhelas conseguir depende de lo que hagas hoy, se construye en el presente, no en el futuro. No te dejes arrastrar a una situación en la que vivas un presente de miedo e inseguridad por un futuro que desconoces.

El miedo vive siempre en el futuro y, la mayoría de las veces, sientes miedo por algo de lo que no tienes ninguna certeza que vaya ocurrir.

> «Nadie llegó a la cumbre acompañado por el miedo».
> Publio Siro

Tienes que aprender a utilizar el miedo a tu favor, reconocerlo y saber que detrás de lo que te paraliza está justo lo que debes hacer.

Piensa en situaciones de tu vida en las que hayas hecho cosas que en un principio te daban miedo. ¿Verdad que el hecho de llevarlas a cabo te generó más confianza en ti mismo?

Es tu turno

Enumera tres hechos que te daban miedo, pero que lograste realizar y te empoderaron.

Escribe:

Estos hechos y muchos más serán los que te ayuden el resto de tu vida. Enfréntate a tus miedos porque todo está en tu mente, así que quítales el poder que tienen sobre ti.

A continuación quiero compartir contigo una pequeña anécdota para que te des cuenta de que todos tenemos miedos, pero que hacernos conscientes de ellos y no dejar que nos afecten es lo que marca la diferencia. Como ya te he dicho, mi gran causa es educar a mi hijo en estos principios que te vengo enseñando, así que el tema del miedo también es un asunto que debo tratar con él. Me gusta que, desde pequeño, poco a poco se vaya enfrentando a sus miedos y se haga consciente de que en ocasiones se asusta ante algo que desconoce, pero que, hasta que no lo haga, no se le pasará. Recuerdo que un día iba conduciendo y me llamó al móvil. Puse el manos libres y le pregunté que qué tal el día en el cole, que a qué había jugado y con quién, etc. De repente, me dijo: «Mamá, tengo que contarte algo que te va a encantar. ¡Hoy he vencido mis miedos! ¿Recuerdas que las alturas no me gustan y que subir a la parte alta de la pirámide del parque era algo que me daba miedo? Pues hoy he subido, ¡me he enfrentado a mi miedo!». Yo me moría de la felicidad en esos momentos, porque me parece que el hecho de que sea consciente de ello tan pequeño es maravilloso.

7.3 Ejemplos de miedos

Si observas tus miedos, podrás conocerte un poquito mejor y aprender cómo actuar de la mejor manera. Los miedos pueden tener diversas variantes, así que te explico a continuación algunas de ellas para ayudarte a identificarlos:

Miedo al rechazo

Superar este miedo es bastante importante porque puede provocarte unas limitaciones tan fuertes que realmente condicionen tu vida. Por tanto, vencerlo mejorará tu calidad de vida y aumentará tu sensación de libertad, puesto que no actuarás todo el tiempo condicionado por los demás. Por ello, empieza a ver el rechazo como algo bueno que te va a ayudar a aprender.

Recuerdo que el trabajo fundamental en la oficina de una empresa para la que yo trabajaba era llamar a los

Capítulo 7: Aprender a bailar con el miedo y tus emociones

clientes con el objetivo de concertar citas en las que se ofrecían los servicios de la empresa. Los jefes hacían mucho hincapié en que todos los comerciales realizaran un número x de llamadas, pues la estadística les indicaba que eran las necesarias para que un cliente aceptara la cita. Me encantaba escuchar cómo cada uno hacía las llamadas y cómo respondían ante la negativa o las preguntas de los clientes. No se me ocurría mejor manera de aprender que escuchando a otros. ¿Y te puedes imaginar cuál era el miedo de los agentes ante estas llamadas? ¡Que les respondieran que no! Es decir, ser rechazados. La gran mayoría se lo tomaba a nivel personal e, incluso, algunos se enfadaban.

Nunca te tomes el no como algo personal, deja la carga del rechazo en quien lo dice, no la hagas tuya. Para ello, reírte por dentro es la mejor manera de conseguirlo, pues no hay nada como el sentido del humor ante una mala respuesta; también puedes decir: «Muchas gracias, que tenga un fabuloso día», créeme, tu interlocutor se quedará descolocado. Es igual que cuando preguntas por las características de un producto en una tienda y te atiende el dependiente más negativo y maleducado de la historia: ante un «Gracias, eres muy amable» hasta él mismo despertará, porque todos sabemos cómo estamos actuando.

Hay rechazos que es normal que duelan, como el que viene de alguien que te importa, pero en esos casos, una vez más, es importantísimo tu nivel de autoestima, ya que, si tienes una autoestima sana, ese rechazo te dolerá, pero sabrás que lo superarás. Sin embargo, si tu autoestima no está en un buen nivel, empezarás a culpabilizarte:

- «No hago nada bien, no valgo para nada».
- «Hago todo mal, seguro que me dejó por eso».
- «Es mi culpa, si lo hubiese hecho de manera diferente…».

Rechazo del éxito

Lamentablemente, hay personas que están más preocupadas por los demás que por ellos mismos y son los jefes de la crítica. Para poder enfrentarte al miedo de la crítica cuando haces algo, lo importante es recordar lo siguiente: solo le gustarás al 50 %, el otro 50 % te rechazará.

Probablemente, estés pensando: «Diana, por Dios, no me digas eso. ¡Un 50 % es mucho!». Ya, pero es lo que hay... Si te fijas en los actores, cantantes, políticos o *influencers*, verás que siempre tienen un porcentaje de los llamados *haters*.

Los *haters* son personas que muestran sistemáticamente actitudes negativas u hostiles ante cualquier asunto. La palabra *hater* es un sustantivo del inglés que se puede traducir como *odiador* o persona que odia o que aborrece. También se puede verter al español como envidioso, odioso o aborrecedor. La palabra *hater* se ha ido popularizando, sobre todo en las redes sociales, ya que hay quienes utilizan la crítica mala y el insulto para meterse con determinadas personas que están en las redes, los *influencers*.

Lo que quiero es que te des cuenta de que no vas a poder evitar el rechazo cuando hagas algo, pero sí podrás gestionar cómo te afecta. Así que, si quieres ser alguien diferente, tendrás que aceptar el rechazo como parte del juego, si no, verás el juego desde las gradas, pero no jugarás.

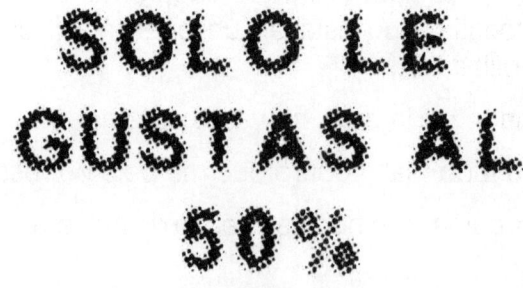

Miedo a perder dinero

¿Conoces a alguien que tenga miedo a perder dinero?

Es obvio que a nadie le gusta perder dinero, pero hay personas que, aunque tienen miedo a perderlo, ello no les paraliza y se arriesgan a emprender ese negocio que quieren o a realizar esa inversión que desean. En cambio, hay otras personas que, aunque tienen dinero, no se atreven a realizar esa inversión o ese negocio por miedo; en este caso, está muy relacionado el miedo a perder dinero con el miedo al fracaso.

Y aquí, ya sabes, todo dependerá de si el fracaso te fortalece o te debilita…

Miedo a la enfermedad

Recuerda: el miedo a enfermar enferma.

Hay quienes se vuelven tan obsesivos con la limpieza que terminan desarrollando alergia al polvo, al humo o a cualquier tipo de suciedad, por mínima que sea.

El subconsciente es tan poderoso que acaba provocando eso que tanto repites y temes, así que deja de pensar tanto en esa enfermedad que te asusta.

Miedo al abandono

El pensamiento de que alguien nos abandone crea una amenaza muy fuerte, ya que nos hace pensar que no podremos vivir sin esa persona, porque esta nos satisface muchas de nuestras necesidades.

Para evitar que una situación así te paralice, puedes diversificar la satisfacción de tus necesidades —por ejemplo, cuida tus amistades, aunque tengas pareja—. Esto no significa que no vayas a pasarlo mal si alguien te deja, pero tener tus necesidades diversificadas te ayudará a disminuir el miedo y, sobre todo, evitará que te hundas si te ocurre.

Además de los miedos que te he presentado antes, podría enumerar otros: miedo a la muerte, miedo a hacerse mayor... Miedo, miedo y más miedo.

Para no dejarte arrastrar por ellos, permanece en el ahora: ¿justo ahora hay algo malo que te esté ocurriendo? Si la respuesta es no, mantén el control, confía en ti. Y controla lo que entra en tu mente: ante el miedo a algo, elige ver y leer aquello que te ayude, no escojas lo que te haga aumentar ese miedo. Por ejemplo, cuando estás triste, ¿qué haces?, ¿te pones música más triste aún o después de unos minutos cambias ese patrón de tristeza escuchando esa música con la que es imposible no ponerse a bailar? Recuerda, tú decides, tú puedes cambiar cómo te sientes, así que hazlo ya, ¿a qué esperas?

Eres tú quien debe controlar tus miedos cuando estos intenten controlarte a ti. Deja de preocuparte por lo que temes y empieza a ocuparte, pon toda tu energía en las cosas que quieres, porque eso que tanto deseas te desea a ti con la misma intensidad, simplemente necesita que salgas a buscarlo.

Actúa, olvida el miedo, expande tu zona de confort y hazla cada vez más grande porque siempre estés incluyendo nuevos avances en tu vida.

7.4 Equilibrio-balance

En relación con este último miedo, siempre digo lo mismo: es muy importante el balance o contrapeso, como lo llama Gary Keller en su libro *Lo único*[7]. La importancia de cuidar determinadas áreas de tu vida y contrapesarlas:

- tu vida contigo mismo,
- tu familia,
- tus amigos,

---

7. Gary Keller y Jay Papasan, *Lo único*, Aguilar Ocio, 2015.

- tu pareja,
- tu trabajo.

No somos dueños de nuestro tiempo y, como se suele decir, el tiempo no cuenta con nadie. Gary Keller, en el libro que citaba anteriormente, lo cuenta a través de la siguiente historia: su mujer tenía una amiga cuyo padre era agricultor y su madre, profesora. Este matrimonio se pasó toda la vida ahorrando con la idea de viajar al jubilarse. La hija recordaba que acompañaba muchas veces a su madre a comprar telas con las que pensaba hacerse los vestidos cuando se jubilara y se fuera de viaje con su marido. Lamentablemente, la jubilación nunca llegó porque la mujer falleció de un cáncer. Su padre nunca se gastó el dinero ahorrado al jubilarse porque no le parecía bien, decía que era de los dos. Cuando él falleció, su amiga descubrió un armario en la casa de sus padres completamente lleno de las telas de su madre: su padre no había sido capaz ni de tocarlo porque representaba un montón de promesas incumplidas, un peso muy fuerte de llevar.

¿Quién no conoce a alguien que lo ha dado todo por el trabajo? Probablemente diga que lo hace por su familia y que algún día disfrutarán de ello, pero luego ocurre algo que hace que eso no se pueda cumplir. Y es que, como dice Keller en su libro, «Cuando juegas con tu tiempo, es posible que hagas una apuesta que luego no seas capaz de cubrir. Aunque estés seguro de que puedes ganar, asegúrate de que luego puedes vivir sin lo que pierdas».

A nadie le cabe la duda de que para tener éxito en determinadas áreas necesitas dedicarles tiempo, y a veces mucho. Por tanto, quien busque el éxito profesional necesitará invertir horas, todo el tiempo que sea necesario, y eso implicará quitárselo a otras parcelas de su vida.

Y ahora te estarás preguntando: «Entonces, ¿qué hacemos?». Para mantener la balanza equilibrada, lo importante es ser consciente de que todas las áreas que te he mencionado son fundamentales. Eso quiere decir que todas requieren atención, que no puedes renunciar a ninguna.

James Patterson en la novela *El diario de Suzanne*[8] cuenta: «Imagina que la vida es un juego de malabarismos con cinco bolas: trabajo, familia, salud, amigos, amor. La bola del trabajo es de goma y las otras cuatro son de cristal. Si dejas caer alguna de ellas, se rayará o agrietará, pero la del trabajo rebotará y volverá a subir». Esto quiere decir que dependiendo del momento tendrás que priorizar, y tienes que hacer lo que sea más importante cuando toque, pero con la seguridad de que llevas una vida equilibrada y dedicas tiempo a todas tus áreas, pues, si abandonas alguna de ellas, tendrás consecuencias.

---
8. James Patterson, *El diario de Suzanne*, Diagonal, 2001.

Si todas las áreas de tu vida están mal y sufres una situación devastadora, te vas a dar un golpe mucho más fuerte que si esas distintas áreas están cuidadas. Por ello, presta atención a tu familia, a tu trabajo, a tu relación de pareja, a tus amigos... Piensa que, si alguna falla, te dolerá, pero siempre saldrás de ello porque tienes otros puntos de apoyo.

Seguro que conoces a esa persona que sufre un problema amoroso, pero que cuenta con sus amigos y su trabajo para poder distraerse y superarlo. Sin embargo, si esa misma persona tuviera un trabajo que no le gusta y a ello le sumas que ha roto su relación con los amigos, el túnel oscuro y sin salida se le hará más largo de lo normal.

Mi consejo es que equilibres todas las áreas de tu vida, y te lo digo por experiencia: en un determinado momento de mi vida me alejé de mis amigas, pasé meses sin llamarlas y sin contarles lo que hacía, ni lo bueno ni lo malo, pero sufrí un golpe duro que me hizo darme cuenta de lo importantes que eran. Desde entonces, por muy ajetreada que sea mi vida, hablo regularmente con ellas y hago al menos una escapada al año para vernos.

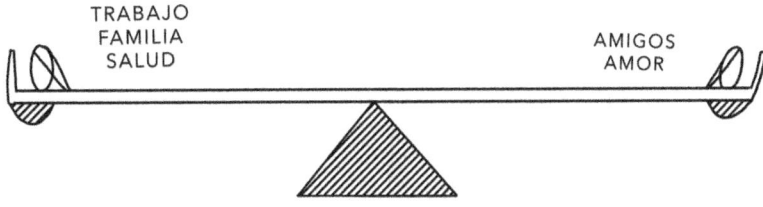

OLVIDA EL VICTIMISMO

Si has llegado hasta aquí, ya sabes que eres el cúmulo de las decisiones que has tomado a lo largo de tu vida y de la suma de influencias que recibiste de quienes cuidaron de ti cuando eras pequeño. Además, también has visto cómo te influyen tus creencias en todo lo que haces.

Ahora es el momento de avanzar. Es el momento de que abandones el victimismo por las cosas que te hayan ocurrido en el pasado y que dejes de pensar que ese pasado limita tu futuro, porque no es así.

En multitud de biografías de personas que han tenido mucho éxito, descubres que vivieron grandes desafíos, pero, como dice Wayne Dyer, «Igual que en el colegio se nos pide que pasemos exámenes, en la escuela de la vida también». Vamos subiendo de nivel y cada circunstancia es un examen: si no lo superas, se repetirá el examen hasta que aprendas. Por ejemplo, Oprah Winfrey nació y creció en los barrios más pobres y peligrosos de la ciudad de Misisipi y Milwaukee, y fue agredida sexualmente cuando aún era una niña; asimismo, cuenta que fue apartada de su puesto en los informativos porque «no cuadraba bien en la televisión»; hoy es una auténtica magnate de los medios de comunicación estadounidenses. Walt Disney fue despedido de un periódico por falta de imaginación, y Steve Jobs de su propia compañía.

¿Conoces a alguien que viva la misma circunstancia una y otra vez? ¿Crees que es por casualidad? La vida te pone los exámenes necesarios para que aprendas y, si no lo haces, te examina de nuevo. El problema viene cuando repetimos el mismo examen una y otra vez porque no aprendemos la lección.

Neale Donald Walsch, un autor **bestseller**, contaba esto mismo en un evento al que fui. Nos explicaba que siempre había tenido que viajar mucho y hubo una época de su vida en la que cuando llegaba al aeropuerto le decían que su vuelo salía con retraso o se había cancelado. Su respuesta ante esa circunstancia era enfadarse con la persona que lo atendía porque se sentía como si estuvieran conspirando contra él. Un día se paró a analizar la situación y decidió cambiar su actitud frente al problema; no le fue fácil, pero poco a poco lo fue corrigiendo hasta que consiguió tomárselo como parte del proceso de coger un avión. Nos contaba que esos hechos fueron desapareciendo a medida que les daba menos importancia y llegaba más relajado al aeropuerto. Esto no significa que nunca más volviese a tener un retraso, sino que eso se convirtió en lo excepcional y no en la norma. De esta historia, el aprendizaje que este autor sacó fue que tenía que aprender a reaccionar mejor con la persona que le atendiera porque ella no se merecía su mal comportamiento, al fin y al cabo, estaba haciendo su trabajo y no era responsable del retraso del avión ni de su frustración.

Conferencia de Neale Donald Walsh, España

Aquello en lo que te concentras se expande, por tanto, en una situación como esta, en la que te quejas profundamente, lo que haces es culpabilizar al otro y sacar lo peor de ti. Con ello, aumentarás la negatividad en tu vida y, al igual que le pasaba a Neale Donald Walsch, atraerás más de lo mismo. Sin embargo, si ante una situación que no puedes cambiar intentas ver lo positivo y controlar tus emociones, verás que en lo que te enfocas en tu vida será lo que atraigas.

No es una cuestión de suerte, pues, para bien o para mal, eres tú el responsable de lo que te ocurre, es tu manera de responder ante ello lo que marcará la diferencia y tu vida. Así que es cuestión de ir pasando exámenes y de aprobarlos para no repetir asignatura.

Piensa que todo lo que has vivido y todas las personas que has conocido tenían que estar ahí; todo eso tenía algo que enseñarte, lo has aprendido y por eso estás aquí. Y ahora que sabes esto, toma conciencia de que tú eres responsable de todo; tú decides y tú tienes que actuar.

8.1 Sé agradecido y confía

Serás feliz cuando adquieras la capacidad de agradecerle a la vida todo lo que tienes y lo que te ocurre.

Desde muy pequeños nos dicen que es de bien nacido ser agradecido, y nos repiten una y otra vez que digamos la palabra mágica *gracias*, algo muy sencillo y que nos proporciona un inmenso sentimiento de apreciación.

Valorar las cosas y sentir agradecimiento es una sensación increíble, porque te ayuda a disfrutar y a superar esos momentos no tan buenos —recuerda la rueda de la vida: no todo va mal, aprende a ser agradecido—.

«La gratitud es la flor más bella que brota del alma».
Henry Ward Beecher

Si ahora mismo estás leyendo, significa que estás vivo; si estás vivo, significa que tienes lo más importante: vida. Siéntete agradecido por ello. Desde hoy, cada día de tu vida, acuéstate y despiértate agradeciendo: agradece por lo que tienes y por lo que aún no ha llegado a tu vida, conéctate con la gratitud y verás como empezarás a atraer aquello que deseas. Porque, además, como dice un refrán, quien no agradece lo poco, no agradecerá lo mucho.

Es tu turno

Te propongo que cada noche apuntes en un diario tres cosas por las que das las gracias ese día. Es un ejercicio que te ayudará a mantenerte en ese estado de gratitud y a centrarte en lo positivo de la jornada.

¿Te apuntas a ser agradecido? Te esperan muchas recompensas si empiezas a actuar.

- _____
- _____
- _____
- _____
- _____
- _____
- _____
- _____
- _____

9

ACTÚA AHORA, PORQUE EL MOMENTO PERFECTO NO EXISTE

os pasamos la vida esperando el momento perfecto para hacer las cosas.

¿Cuántas veces has escuchado este tipo de afirmaciones?:

- «No es el momento perfecto para cambiar de trabajo».
- «No he entregado el proyecto porque no está perfecto».
- «No he empezado porque aún no estoy preparado, en cuanto lo tenga todo perfecto empiezo».
- «No es el momento perfecto para tener hijos».
- «No es el momento perfecto para tener esa conversación, sé que acabará en pelea».

Nunca es el momento perfecto ni existe el plan perfecto para realizar ese cambio que te va a llevar a pasar por el dolor, la incertidumbre, el desasosiego y el miedo; te repito: nunca. Entonces, ¿a qué esperamos? Además del miedo, el perfeccionismo tiene mucho que ver con esto.

> «El valor no es algo que ya tienes y te hace valiente
> cuando pasan cosas difíciles.
> El valor es lo que ganas
> cuando has estado en situaciones difíciles
> y descubres que, después de todo,
> no son tan duras».
>
> *David y Goliath*, Malcolm Gladwell.

9.1 Ventajas e inconvenientes de la perfección

En nuestra sociedad hay quienes creen que solo el perfecto triunfa y consigue el éxito en su vida, pero hay diferentes tipos de perfeccionismo. A continuación te presento algunos de ellos (seguro que en cuanto los leas empezarán a venirte personas a la cabeza a las que les pasa esto):

1. Buscar la propia perfección en tu vida.
2. Tratar de que otros sean perfectos.
3. Buscar la perfección en ti porque crees que es lo que otros esperan.

El perfeccionismo puede ser un punto a tu favor en muchas áreas de tu vida, y prestar atención a los detalles, ser organizado, eficaz, tener una buena motivación personal que te permita cumplir metas, entre otras cosas, son actitudes muy positivas; sin embargo, tener unos niveles de perfeccionismo muy altos te llevará a la famosa *parálisis por análisis*.

Cuando el perfeccionismo es un problema porque te paraliza

Altos niveles de perfeccionismo conllevan altos niveles de frustración y un bajo nivel de bienestar y felicidad, lo que puede convertirse en el mayor limitante de tu vida, porque te pasarás el tiempo buscando lo perfecto sin pasar a la acción porque no quieres fracasar. De esta manera, nunca serás feliz porque no conseguirás lo que te propongas, aunque el problema real no será este, sino que ni siquiera lo intentas porque te mata el miedo al error y al fracaso.

Es un círculo vicioso del que es difícil salir. Por tanto, lo más importante es analizar si el grado de perfeccionismo que tienes está trabajando a tu favor o en tu contra. Si piensas en determinadas cosas que quieres hacer, pero que no llevas a cabo porque buscas «lo perfecto», te darás cuenta de que te aparecerán más desventajas que ventajas.

Aquí, como en todo, lo que cuenta es quedarse con lo constructivo, lo importante es empezar y hacer las cosas que quieres estableciendo metas y siendo flexible en el camino, y, sobre todo, sabiendo que los errores son parte del aprendizaje y se nos presentan como oportunidades de crecimiento.

Querer mejorar en nuestra vida es algo maravilloso, pero, cuando lo llevamos al extremo, se descontrola. Si solo buscas lo perfecto, te provocarás un grado de frustración terrible, y lo peor vendrá cuando ya no te mueva el resultado positivo, sino el evitar lo negativo.

Hay muchas personas que, a la primera de cambio, se paralizan ante el deseo de conseguir su meta o se rinden ante cualquier infortunio. La falta de persistencia es una de las causas de no conseguir nuestras metas o propósitos, y es que, para conseguir lo que te propones, debes seguir una serie de pasos:

1. Saber lo que quieres y por qué lo quieres.
2. Convertir eso que quieres en tu obsesión.
3. Confiar en ti y en que puedes conseguirlo.
4. Tener un plan para ejecutarlo.
5. Crear hábitos que te acerquen a tu objetivo.
6. Persistir, continuar hasta llegar al objetivo que deseas.

Necesitas ponerte en acción, así que deja de pensar y actúa, porque solo cuando actúas empieza a funcionar la máquina de las oportunidades. El economista y autor de *Average is over*[9], Tyler Cowen, dijo: «Cuanta más información hay ahí fuera, mayores son los motivos para sentarse a no hacer nada. La información no falta, sino la voluntad de hacer algo con ella».

Cuando no dejas que el miedo o el perfeccionismo te paralicen y te pones en marcha, ocurren cosas maravillosas. Sé persistente, traza tu plan y da el primer paso.

---
9. Tyler Cowen, *Average is over*, Dutton & Co. Inc., 2013.

LAS
LEYES
DE LA VIDA

Yo estudié Derecho, así que las leyes que te voy a contar, aun siendo leyes de la vida, no te puedes imaginar lo abstractas que sonaban en mi cabeza. Sin embargo, tengo claro el resultado de la ley de la gravedad, aunque no sea científica —suelto algo en el aire y cae estrepitosamente al suelo—, así que empecé a estudiar las diferentes leyes de la vida no con la intención de saber todo sobre ellas, sino, al igual que me ocurre con la ley la gravedad, para conocer su funcionamiento.

Las leyes de la vida no son unas leyes nuevas, es más, son leyes universales que existen desde hace miles de años, pero aún hay millones de personas que las desconocen. De hecho, hay libros con cientos de años —que todavía se siguen vendiendo— en los que ya se habla de los mismos principios que vamos a ver en este capítulo. Actualmente, hay quienes los conocen, pero no saben aplicarlos, porque se los han explicado de la misma forma en que lo hacen con la positividad, de esa manera de la que te hablaba al principio: «Sé positivo y llegará». Pero no, no funciona así, a estas alturas del libro ya lo sabes. Con estos principios ocurre lo mismo: ahora que sabes que existen puedes jugar con ellos a tu favor, junto con todo lo que te he venido explicando desde el principio de este libro, pero no te sientes en el sofá a esperar a que las cosas cambien y a ver la vida pasar.

A continuación, antes de entrar a explicarte cada principio, te presento las enseñanzas que nos llegan de tres fuentes muy diferentes entre sí, te sorprenderán:

Napoleon Hill, el escritor del que te hablé en el capítulo 2, nos dice en su *bestseller Piense y hágase rico:*

«¡Lo que la mente del hombre puede concebir y creer es lo que la mente del hombre puede lograr!»

«Si piensas que perderás, estás perdido, pues el mundo nos enseña que el éxito empieza en la voluntad del hombre... Todo está en el estado de ánimo».

El Kybalión, un documento del siglo XIX atribuido a un grupo anónimo de personas, resume las enseñanzas del hermetismo, también conocidas como los siete principios del hermetismo. Uno de los principios más importantes que nos muestra es que la mente puede ser controlada y usada para cambiar nuestra propia vida y dirigirnos a niveles más elevados. Algunas frases extraídas de este libro son:

«El todo es mente; el universo es mental».

«El que comprenda la verdad de que el universo es mental está muy avanzado en el sendero de la maestría».

«Nada está inmóvil, todo se mueve, todo vibra».

«Los labios de la sabiduría están cerrados, excepto para los oídos del entendimiento».

Cuatro siglos después de la muerte de Buda aparecieron los primeros textos del budismo, cuya vida y enseñanzas fueron transmitidas de manera oral con el fin de ejercitar la memoria. Algunas frases atribuidas a Buda son:

«No pienses que no pasa nada simplemente porque no ves tu crecimiento... Las grandes cosas crecen en silencio».

«El dolor es inevitable, el sufrimiento es opcional».

«Cuida el exterior tanto como el interior, porque todo es uno».

«La paz viene de dentro. No la busques fuera».

«Con nuestros pensamientos construimos el mundo».

Hablan de lo mismo, ¿no te parece increíble? En esa época no tenían internet ni los medios con los que contamos nosotros hoy en día y, sin embargo, están de acuerdo en la existencia de los mismos principios.

Digamos que con estos principios ponemos la guinda al pastel, así que abre tu mente, deja de lado la vocecita racional que vive en ella o dile: «Sí, sí, tranquila». Y compruébalo, empezando por cambiar tu modo de pensar, porque con ello cambiarás el de actuar y te darás cuenta de que ocurren cosas diferentes; no me creas ciegamente, compruébalo tú mismo.

Si quieres un cambio, tendrás que empezar a hacer las cosas de otra manera y modificar tu forma de ver las cosas. Tienes que cambiar la perspectiva. Y da igual si crees en Dios, si no crees en nada o si lo llamas tu yo interior, alma, universo, tierra, energía... El nombre no es relevante. Recuerdo que en una de mis clases de primero de carrera, en la asignatura de Derecho Civil, nuestro profesor nos decía: «Las cosas son lo que son independientemente de cómo las llames, así que da igual que pongas de título "contrato de arrendamiento" si su contenido es un contrato de compraventa». Con este ejemplo lo que te quiero explicar es que estos principios funcionan seas ateo, creyente o escéptico. Esto no es una religión.

10.1 Principio del mentalismo

Todo es mente, tu manera de ver lo que ocurre a tu alrededor es *tu manera*, nada más y nada menos que eso. Y no solo dentro de ti, sino también en lo material.

Según el principio del mentalismo, todo lo que llega a nuestra vida lo hace porque las personas lo han atraído previamente. Este principio indica que eres creador de tu realidad, por tanto, aquello con lo que más te identifiques es lo que verás reflejado en tu vida.

«Observa con cuidado tus pensamientos y permíteles nacer del amor que surge del respeto a todos los seres».

Buda

Tus malos pensamientos aparecen

En tu subconsciente se han ido creando pensamientos a partir de lo que has vivido y de lo que te han enseñado. Si tú crees que a ti te ocurren todo tipo de desgracias y que todo lo malo está detrás de ti esperándote, o que tienes mala suerte, eso será lo que veas en tu vida y en todo lo que hagas.

¿Cuántas veces has vivido una situación así?:

- Tienes el temor de que algo salga mal en un proyecto, y al final ocurre.
- Piensas: «Uf, ¿y si me despiden del trabajo? Ya verás, me van a despedir...», y al poco sucede.

Así, vas pasando por la vida sin ser consciente de nada y moviéndote a merced del viento, con el piloto automático puesto, porque solo eres consciente de lo que haces el 5 % del día, el otro 95 % es tu subconsciente el que actúa. ¿Cuántas veces llegas a casa y no sabes ni cómo lo has hecho, o aparcas en un centro comercial, llegas al supermercado y, cuando has terminado, no recuerdas ni qué escaleras cogiste ni en qué planta estaba el coche?

Lo que te quiero explicar con este principio es que cada día repetimos alrededor del 90 % de los pensamientos del día anterior, así que nosotros mismos creamos la película de nuestra vida sin ser conscientes de ello. Tus pensamientos te generan unas emociones determinadas y esas emociones te hacen actuar de un modo u otro; después, esas acciones que repites en el tiempo te darán unos resultados. Y la suma de todos esos resultados nos conduce al lugar y a las circunstancias de nuestro presente.

Cuando piensas en algo malo, como uno de los ejemplos que te he puesto antes, pulsas el *on* de la máquina creadora de resultados: al pensar en algo negativo, comienzas a sentirte de un modo que te impulsa o paraliza y, con ello, obtienes un resultado. Así que, si quieres cambiar algo de tu presente, ya sabes: tu vida va a cambiar cuando tú quieras, cuando cambies tus pensamientos y empiece la máquina a funcionar.

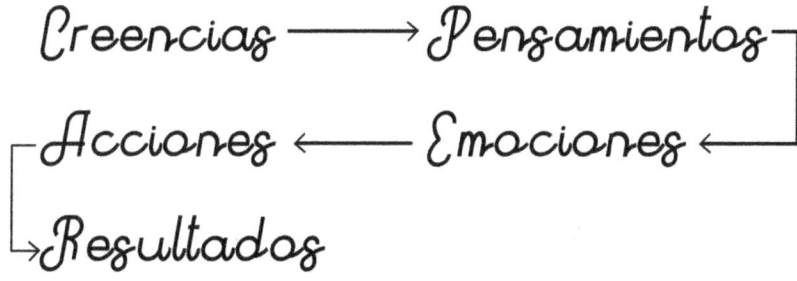

La gran noticia es que tú puedes hacer ese cambio porque tú decides. Muchas personas ya lo han hecho y han pasado por lo mismo. Tu pasado no determina tu futuro, así que no acudas a tu biografía para justificar tus resultados de mañana. Aquí la cuestión es: ¿quieres iniciarte en ese camino de cambio o prefieres vivir en el victimismo poniendo como excusa tu pasado?

> «Ni tu peor enemigo te puede hacer tanto daño como tus pensamientos».
>
> Buda

Yo he vivido bastantes desafíos, he visto cómo afecta la muerte de un hijo y lo que es perder dos hermanos; lo que se vive en situaciones así no despierta emociones maravillosas, pero utilicé esos hechos de manera que me potenciaran y no me limitaran. Yo decidí vivirlo así, no me preguntes cómo, porque, obviamente, con 12 años no tenía el conocimiento que tengo ahora, pero ya tenía esa intuición que me llevaba hacia un lado u otro. Pude fijar en mí la creencia de que la vida es una mierda y que para qué hacer nada si nos vamos a morir; sin embargo, elegí la creencia de que la vida es maravillosa, aunque no sepamos cuándo la vamos a dejar, así que vamos a vivir lo más felices posible y a hacerlo lo mejor que podamos antes de que se acabe.

Recuerda: aquello en lo que te enfocas se expande en tu vida, así que decide en qué te quieres enfocar según los resultados que desees obtener.

10.2 Principio de polaridad

La mayoría de las personas viven sin dirección y piensan que nada influye en lo que les ocurre y que todo es producto de las circunstancias, así que nada pueden hacer. Sin embargo, ahora que conoces cómo afectan tus creencias, tus pensamientos y tus emociones, podrás coger las riendas de tu vida.

Todas las cosas tienen dos lados, dos polos:

Frío	Calor
Rico	Pobre
Luz	Oscuridad
Ruido	Silencio
Duro	Blando
Amor	Odio

Todo son polos de lo mismo, aunque existen muchos grados entre un extremo y otro. Por ejemplo, en la escala del amor encontraremos menos odio o más amor, sin importar de dónde hayamos partido en la escala. Por tanto, piensa que esto son solo unos ejemplos y que en la naturaleza encontraremos muchos más.

Lo que debes aprender de este principio es, en primer lugar, a analizar en qué grado de la escala te encuentras y, partiendo de ahí, pensar que la vida es un juego y que todo tiene dos caras, así que todo es susceptible de estar en un extremo o en el otro. Esto tiene algo muy bueno: que tanto si estamos en el polo positivo como en el negativo, podemos cambiar el lado en el que estamos. Por ejemplo, en el caso de ser rico o pobre, vemos dos polos de una misma escala, la de cuánto dinero tenemos. Si eres consciente de dónde estás y de a dónde quieres llegar, será más fácil cambiarlo.

No significa que movernos por esa escala sea fácil ni que suceda por arte de magia, pero es posible hacerlo. Para ello, en primer lugar, debes pensar que es posible y en segundo, actuar como si ya hubieses salido del polo que quieres dejar y alcanzado el que deseas. El hecho de imaginarte en una situación diferente te ayuda a poner el foco en otras cosas y que se vayan presentando nuevas situaciones en tu vida.

Es como el conocido ejemplo de vaciar los armarios si quieres que entre ropa nueva: vacía tu armario de esos pensamientos que te anclan en ese lado de la escala en el que no quieres estar y empieza a poner los nuevos en ese otro lado al que aspiras.

Una de las llaves maestras que puedes tener en tu vida es traducir los hechos o circunstancias que te ocurren como una situación que te empodere, eligiendo siempre el lado positivo. Porque es posible pasar de un extremo al otro, lo único que va a impedir que lo hagas serán tus creencias y tu miedo.

10.3 Principio de vibración

Otro de los principios que aparecen en el libro del Kybalion es el de vibración, basado en el hecho de que en el mundo todo está en movimiento, el universo se mueve constantemente.

> «Nada está inmóvil, todo se mueve, todo vibra».
> Libro del Kybalión

Este principio nos enseña que cada objeto que vemos está compuesto por millones de átomos. Estos átomos se encuentran formados por partículas que giran a grandes velocidades alrededor de un núcleo —si mirases ahora a tu alrededor con un microscopio te darías cuenta de que todo se mueve: son los átomos que están en continuo movimiento, como todas esas partículas que hay suspendidas en el aire cuando miras un rayo del sol, partículas que son invisibles a simple vista—. Así pues, podemos decir que todo vibra a mayor o menor frecuencia. Incluso nosotros vibramos, pues todo es energía. Por ejemplo, si miras una nube, un río o un glaciar dirás que te parece diferente, pero la realidad es que todo es agua: **agua en diferentes frecuencias de vibración.**

Capítulo 10: Las leyes de la vida

¿Alguna vez has entrado en un lugar y has tenido la sensación de que no te gusta, pero no sabes explicar por qué? Hay espacios o casas que producen sensación de tranquilidad y bienestar, y otros que te dan mal rollo. También puede que estés en un sitio y, de repente, al entrar alguien, se empiece a notar una energía negativa, ¿te ha pasado?

Esto se debe a que tus pensamientos emiten vibraciones, y en una persona su vibración es producto de sus pensamientos y emociones. Además, **las vibraciones similares vibran juntas porque la energía es magnética**, es decir, atrae otras energías similares; por tanto, dependiendo del grado de vibración que tengas, atraerás una energía u otra[10].

Los pensamientos positivos emiten vibraciones altas y los negativos, como era de suponer, vibraciones bajas. Por ello, nuestra actitud provocará una vibración determinada y, en consecuencia, unos resultados determinados.

Hay personas que se quejan de su mala suerte en la vida, porque después de un acontecimiento negativo les sucede otro. Lo que le ocurre a esta gente es que está anclada en pensamientos negativos y no salen de ese nivel bajo de vibración.

Todo esto parece muy científico: energías, vibración..., pero no hay que hacer un máster para entenderlo, sino, simplemente, recurrir a nuestros pensamientos y emociones, y, ante determinadas circunstancias, acudir a la confianza en nosotros mismos, al instinto, a la fe en que todo saldrá bien y de la mejor manera.

Por ello, te pido que apliques una vez más la corrección a tus pensamientos: recuerda que los positivos son más fuertes y vibran más alto.

Piensa ahora en esa persona que tienes a tu alrededor que siempre está pensando en lo negativo, en lo malo, a la que nada le viene bien. Piensa en cómo te sientes cuando estás cerca de ella, ¿qué energía te transmite?, ¿qué vibración?, ¿qué sensaciones? Cuando estás con alguien que vibra a un nivel bajo es imposible que te dé energía, porque, tanto su vocabulario como su cuerpo, solo emiten vibraciones bajas. Con este tipo de personas las conversaciones giran en torno a «Estoy cansado», «Estoy aburrido», «Mi vida va fatal», «No hago esto porque no lo conseguiré», «No me apetece, ya lo haré».

---

10. La ley de la atracción, que tan conocida se ha hecho por el libro *El secreto* de Rhonda Byrne, dice que cada pensamiento que sale de ti se une con pensamientos similares y los atrae de nuevo hacia ti, así que ten cuidado con lo que piensas porque se cumple.

Sin embargo, seguro que conoces a esa persona que desprende luz, a la que te encanta escuchar, que siempre está en movimiento y con ganas de hacer cosas, de ir y venir, la que te responde al teléfono con vitalidad. Son personas que, evidentemente, están en otro nivel de energía, muy conectadas con los pensamientos positivos y buenas conocedoras del funcionamiento de estos principios, por lo tanto, los llevan a rajatabla y no se permiten tener ideas negativas, las rechazan en cuanto aparecen porque saben que atraerán más de lo mismo; son personas que brillan con luz propia. Según sea tu vibración, atraerás a este tipo de personas o las alejarás de tu vida.

Por último, este principio habla del cambio, pues no hay nada en el mundo que sea firme y no cambie, ya que todo se encuentra en movimiento, en continua transformación y evolución. Como te decía anteriormente, la felicidad te la va a dar el progreso y el hecho de vivir de una mejor manera, pues los problemas y frustraciones te aparecen cuando estás encerrado en una posición, sin progresar.

Hay personas que están paralizadas por el miedo y viven por inercia y sin tomar decisiones; en estos casos, será el universo, la vida, o como quieras llamarlo, quien tome las decisiones por ellos, ya que se verán envueltas en situaciones que no desean, o empujadas por ciertas circunstancias que las obligarán a moverse.

Tienes que aprender a prepararte para los cambios, aunque no te resulte fácil, pero recuerda que esto se debe a que tu mente quiere protegerte y darte seguridad. No debes aferrarte a nada porque todo es susceptible de transformarse, pues el mundo, el universo, está en continuo movimiento. Esto no significa que vaya a cambiar tu casa, tu trabajo o tu pareja, sino que puede ocurrir porque todo está en continua evolución. Por ejemplo, hay parejas que están toda la vida juntas, porque van progresando a la vez; los problemas vienen cuando se quedan estancadas, porque todo tiene que avanzar y renovarse, pero si fluyen con los cambios incluso conseguirán alcanzar una mejor relación.

Por tanto, ahora sabes que eres energía, que estás rodeado de ella y que llegas a un nivel u otro de vibración dependiendo de tus pensamientos. Ya no puedes esconderte detrás del desconocimiento. Como ocurre con las leyes, el hecho de que las desconozcas no te exculpa de no cumplirlas, así que, ahora que ya sabes cómo funcionan las leyes de la vida, eres consciente de que si quieres traer mejores cosas a tu vida tienes que vibrar más alto y, para ello, debes cambiar tus pensamientos. ¿Te das cuenta de que cada vez dispones de más herramientas para transformar tu vida y llevarla al siguiente nivel?

10.4 Principio del ritmo

¿Cuántas veces has oído eso de «No hay mal que cien años dure ni cuerpo que lo resista»?

Como aparece en los documentos del Kybalion: «Todo fluye y refluye; todo tiene sus períodos de avance y retroceso; todo asciende y desciende; todo se mueve como un péndulo; la medida de su movimiento hacia la derecha es la misma que la de su movimiento hacia la izquierda; el ritmo es la compensación».

La cuestión no es en qué lado está el péndulo, sino que no eres capaz de ver que todo es algo temporal. Cuando tengas una situación de infelicidad, si la ves como permanente tendrás un problema, porque temerás que no vaya a cambiar nunca. Si esto ocurre, significará que te estás olvidando de este principio.

Por ejemplo, si alguien tiene dificultades económicas y se ve envuelto en la más profunda miseria, está claro que tiene graves problemas, pero la cuestión es que, si adquiere el pensamiento de permanencia de esa situación y lo acompaña de ideas de desesperación y no confianza en que el futuro traerá algo mejor, estará parando el movimiento del péndulo para que la situación vaya hacia el otro lado. Sin embargo, aunque estés pasando por una mala época, si mantienes el ánimo, la energía, la confianza y la fe en que esa situación va a cambiar, todo se solucionará antes y de una mejor manera. Lo peor es el miedo que produce pensar que nos quedaremos estancados en esa situación de manera permanente.

El equilibrio

Todo en el universo está en movimiento y, a la vez, tratando de mantenerse en armonía.

Hay una frase que seguramente habrás oído muchas veces: «En la vida cada uno recibe lo que da». Esto es así porque la vida tiende a restablecer el equilibrio. En nuestro cuerpo hay un proceso que se llama homeostasis, cuya tarea es mantener el cuerpo compensado, por ejemplo:

- Tiritar: de cara a una disminución repentina de la temperatura ambiental, el cuerpo de los animales homeotermos da una señal nerviosa a su musculatura para generar un temblor que genere calor muscular y permita contrarrestar un poco el frío.

- Regulación de la glucosa: de cara a la disminución o la sobreabundancia de azúcares en sangre, el organismo humano activa un aparato hormonal destinado a acelerar la síntesis de la glucosa (y formación de lípidos de reserva) o para extraerla de dichos lípidos o, si fuera necesario, de las fibras musculares y otros tejidos, con tal de mantener los niveles dentro de lo adecuado.

Por tanto, al igual que nuestro cuerpo, la vida va buscando constantemente el equilibrio, y eso provoca que, cada vez que se ejerza un exceso hacia uno de los extremos, se consiga lo contrario: ir hacia el otro. Como si de un péndulo se tratase, cuando provocas un desequilibrio temporal, después vuelves a la normalidad; se podría decir que la vida trabaja de nuevo para llevarte a ese centro de estabilidad.

Por ello, cuidado con lo que deseas, porque con este principio es fácil saber que, si quieres algo, pero le das un grado de importancia excesivo, desestabilizas el péndulo. Darle demasiada importancia a un deseo crea miedos, porque te horroriza pensar que eso que tanto deseas no ocurra.

¿Recuerdas el caso que te conté de los comerciales que tenían miedo al rechazo telefónico? Como algunos de ellos estaban pasando por un mal momento económico, se impacientaban por hacer una venta. Ello causaba que fueran a cada visita nerviosos, que se saltaran el abecé de la negociación y que cometieran muchos otros errores que, al final, provocaban que no vendieran y perpetuaran su mala situación. Este es un clarísimo ejemplo de descontrol del péndulo: cuanto más te impacientas por conseguir algo, en realidad, más lo alejas.

Las cosas buenas te suceden cuando estás más tranquilo, porque tu estado de ansiedad activa el desequilibrio. Por tanto, lo que debes hacer ahora que ya conoces la ley es controlar tus pensamientos. Piensa que conseguirlo te tomará un tiempo, pero lleva a cabo las acciones que te acerquen a lo que quieres y mantén la calma y la confianza en ti. Porque todo aparece.

Como dice Lain García Calvo, ve a por tus sueños como si fueses a por el correo o a por el pan: cuando lo haces, no te planteas que no haya, simplemente vas y lo coges. Tu trabajo es eliminar los muros que has creado tú mismo y que te impiden alcanzar eso que quieres. Y recuerda: todo pasa por tu bien, así que confía, aunque ahora no sepas el motivo, con el tiempo lo verás.

10.5 Principio de causa y efecto

El principio de causa y efecto es, a simple vista, muy sencillo de entender, pero, en realidad, es complicado aplicarlo en nuestra vida diaria. Se basa en que todo lo que nos ocurre (efecto) tiene su origen (causa), por ejemplo:

- La lluvia tiene como efecto que la tierra se moje.
- El fuego tiene como efecto que la madera se transforme en brasas.
- El sol tiene como efecto la fotosíntesis en las plantas.
- Los golpes tienen como efecto el dolor y también los hematomas.
- Organizar las tareas que debemos cumplir tiene como efecto una mayor eficiencia.

Esta relación entre causas y efectos es lo que llamamos **causalidad** y es uno de los principios de las ciencias naturales, principalmente de la física. Sin embargo, también es estudiada por la filosofía.

Tener en cuenta las relaciones de causalidad les permite a todas las ciencias explicar no solo las razones por las que un fenómeno existe en la actualidad, sino también prever los fenómenos que ocurrirán en el futuro (efecto) a partir de acciones tomadas en el presente (causa).

Hay quien piensa que en la vida muchas cosas nos suceden

por suerte o fruto del azar, pero esto no es así. Quien lo llama suerte es porque no conoce las leyes que rigen ese fenómeno. Si no tomas conciencia de esto, vas a vivir lleno de frustración pensando que no puedes controlar tu vida y que eres un juguete del destino.

Quizás haya veces en las que no sepas de qué causa viene un efecto, y es que, en muchas ocasiones, te darás cuenta de que hay situaciones que no son producto de una sola causa, sino de varias.

Tómate tu tiempo para buscar las causas, porque, créeme, todo lo tiene, una o varias. Si te resulta difícil encontrarlas, mira tu vida como si de una película se tratase, observa: las encontrarás seguro.

Ahora bien, si todo aquello que te sucede tiene una causa y el efecto sucede en ti, la causa también debe estar dentro de ti, por eso eres responsable de aquello que te sucede. Fíjate bien, digo **responsable,** y no **culpable**, porque son dos cosas distintas.

El estado de tu economía, tu felicidad, tu salud, tus relaciones o tu trabajo serán el efecto de una o varias causas. Por tanto, no vayas en su contra, utiliza tu energía para solucionar y cambiar la causa.

El gran desafío está en encontrar la causa de lo que te está generando esos resultados que no deseas y trabajar para salir de la zona de confort. Por todo ello, aquí vemos de nuevo la importancia del poder de decisión: ejercítalo porque, como todo, es posible entrenarlo y conseguir mejorarlo.

Toma decisiones teniendo en cuenta que todo tiene una consecuencia. Empieza por las pequeñas —qué desayunar— y después enfréntate a otras mayores, esas que pueden provocar un cambio radical en tu vida —cambiar tu residencia o tener un hijo—. Y recuerda: los fracasos son lecciones de aprendizaje.

10.6 Principio de correspondencia

Como es abajo es arriba. Como es arriba es abajo. Como es adentro es afuera. Como está tu interior está tu exterior. Viendo la composición de un átomo se deduce la del sistema solar, y exactamente igual pasa con nuestra vida: si en nuestro exterior se ve desorden, en nuestro interior también lo habrá.

En tu vida no hay lugar para disfraces, porque todo lo visible se crea en lo invisible: por mucho que te esfuerces en mostrar que tu interior está fenomenal, si analizo tu mundo exterior, puedo saber si es verdad o no. Si tu vida interior es un caos, tu vida exterior será un caos; si te sientes mal por dentro, te sentirás mal por fuera. Quizás puedas disimularlo por un tiempo, pero la realidad terminará por salir a la luz.

Analiza tu vida con sinceridad y compruébalo. Si ves que hay algún área que no va bien, mira en lo invisible: en tus pensamientos, en tus emociones, porque eso es lo que está creando lo visible. Lo que te ocurre fuera es un síntoma de lo que te está pasando dentro. Todo es una cuestión de mentalidad, por tanto, lo que piensas se manifiesta en tu vida y es tu interior quien está generando esa situación que no quieres.

Aunque estés pensando todas las excusas del mundo para ponerte en contra de mis palabras y te repitas que esto es mentira y que tú no estás creando nada, siento decirte que no es así. Revisa tu interior. Si de repente te encuentras la cocina hasta arriba de humo, corres a abrir la ventana para ventilar. ¿Qué crees que va a salir de esa ventana?, ¿de verdad crees que saldrá oxígeno, un aire limpio y puro? No, ¿verdad? Pues en tu vida pasa lo mismo: lo que tienes dentro es lo que manifiestas fuera. Tú eres el constructor de tu vida, nadie más puede crearla en tu lugar.

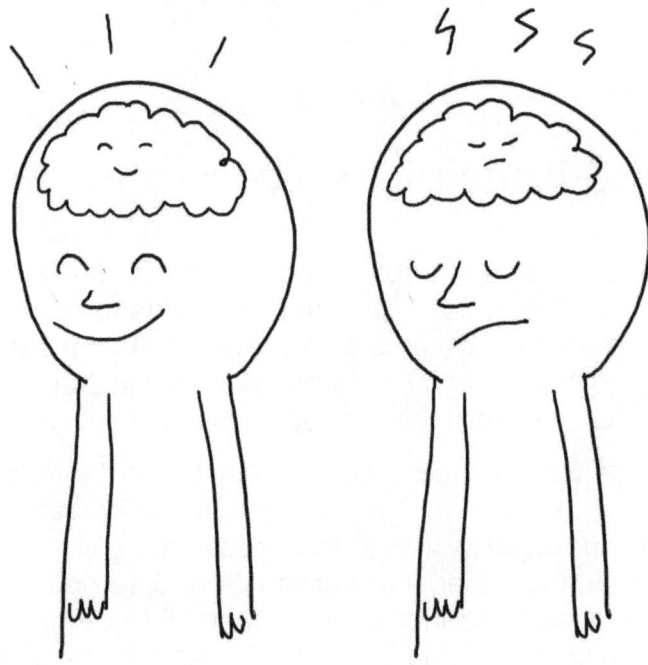

10.7 Principio de generación

Este principio se refiere a la creatividad. Lo que nos dice es que para crear algo nuevo es necesario la unión de dos energías: la masculina y la femenina. Si esta mezcla no se da, tampoco se dará la manifestación. Esto está muy relacionado con el principio de polaridad que te expliqué anteriormente, porque habla de dos energías opuestas, pero la clave aquí es que este principio se refiere al proceso de creación.

Todo tiene una parte de energía masculina y otra de femenina. Para que exista la electricidad tiene que haber dos polos: el positivo y el negativo, y la combinación de ambos produce la electricidad. La energía tiende a complementarse, por eso atraes a tu vida a las personas con la polaridad que te falta. Independientemente de cuál sea nuestro sexo, todos tenemos energías masculinas y femeninas y tenemos que lograr la perfecta unión de estas para lograr el equilibrio. Cuando una persona es muy tranquila o tímida, en muchas ocasiones atrae a su vida a amigos más dinámicos y extrovertidos. Es decir, que cada uno de nosotros atrae la energía que le falta en un momento dado, la que necesitamos para encontrar el equilibrio.

10.8 ¿Cómo aplicar estos principios a tu vida?

Si crees que estos principios —que han sido investigados y que dan resultado cada día a más y más personas— no están funcionando para ti, observa si estás cumpliendo con los siguientes puntos:

- Revisar tus pensamientos y emociones.
- Hacerte consciente de tus miedos.
- No desanimarte antes de empezar el cambio.
- Confiar en ti y en tu poder interior: recuerda que puedes conseguir todo aquello que te propongas, pero debes estar dispuesto a invertir esfuerzo en ello.
- No desesperarte: recuerda que todo requiere su tiempo de gestación.
- Reflexionar con calma para saber si realmente quieres lo que crees que quieres.
- Subir tu nivel de energía si la tienes muy baja para no atraer ese mismo tipo de energía.
- Ser coherente con lo que piensas, sientes y dices.
- Creer que es posible aquello que quieres conseguir, visualizar ese cambio
- Ponerle emoción: recuerda que necesitamos mente y alma, mente y emoción.

Conocer estos principios es el paso necesario para entender cómo funciona la vida, y aplicarlos revisando estos puntos te ayudará a ser más consciente de qué tienes que cambiar para que todo lo bueno que te mereces empiece a llegar a ti.

11

NO HAY TIEMPO QUE PERDER: PONTE INCÓMODO YA

Capítulo 11: No hay tiempo que perder: Ponte incómodo ya

Como todo vamos a verlo desde la perspectiva adecuada, si sabes que tu vida es apenas un abrir y cerrar de ojos, ¿no crees que es motivo más que suficiente para hacer con ella algo que merezca la pena? ¿Sabes lo que pierdes si no lo haces? Es algo muy valioso: se llama tiempo.

El tiempo es algo que no puedes parar ni almacenar ni comprar (pero sí vender). El tiempo es lo que tienes ahora, pero cuando se va no vuelve. El día de ayer no regresa, solo tienes el momento actual, así que valóralo como un tesoro... Como uno de tus mayores tesoros.

Valorar cada instante te permitirá dejar de perder el tiempo y de desperdiciarlo haciendo cosas que no te gustan o malgastándolo con personas que no te aportan nada bueno ni te ayudan a ser mejor.

La enfermera australiana Bronnie Ware reunió en su libro *Los cinco mandamientos para tener una vida plena*[11] lo que hubieran querido hacer o no hacer sus pacientes antes de morir. Ella dice que esas confesiones la ayudaron a transformar su vida porque «Es realmente triste llegar a la tumba pensando "ojalá lo hubiera hecho..."»:

Encontré una lista grande de arrepentimientos, pero en el libro traté de centrarme en los cinco más comunes [...]. El principal arrepentimiento de mucha gente es «Ojalá hubiera tenido el coraje de hacer lo que realmente quería hacer y no lo que los otros esperaban que hiciera» [...]. Otro arrepentimiento común es «Ojalá no hubiera trabajado tanto», porque eso, decían, los había hecho perder el equilibrio y, como resultado, habían perdido muchas cosas en su vida.

---

11. Bronnie Ware, *Los cinco mandamientos para tener una vida plena*, Debolsillo, 2013.

Cuando te plantees si rendirte o iniciar ese cambio que quieres, piensa en tu gran motivo y en todo lo que perderás si no lo haces, tanto tú como la gente de tu alrededor. Porque es mucho más lo que no obtengas que lo que vayas a conseguir, tal y como dice Bronnie Ware en su libro, y yo no creo que haya nada peor que llegar al final de tu vida con el arrepentimiento de no haber hecho algo o de haber vivido una vida que no era la que tú querías.

El momento es ahora, así que pasa a la acción, porque todo empieza y acaba en ti. Confía en tu sexto sentido, cree en tu poder interior y acalla la vocecita que te dice no, recuerda que está ahí para ahorrarte energía, pero no para darte la felicidad.

Si no lo haces ya, la respuesta es sencilla: no quieres cambiar, simplemente, es lo que desearías.

Y no te digo que sea fácil, pero con esfuerzo conseguirlo es posible.

La incomodidad es lo que te llevará realmente hacia donde quieres ir, así que empieza a sentirte incómodo cuanto antes para que puedas obtener todo lo que deseas. Y, a medida que vayas cultivando la mentalidad adecuada en tu vida, verás que no será necesario recibir continuamente golpes para cambiar, sino que tú mismo irás buscando el progreso.

Únete y comparte

Sabes que el objetivo de este libro siempre ha sido ayudarte a que des los pasos necesarios para salir de una situación que no te gusta y tener la vida que mereces.

He invertido mucho tiempo, esfuerzo y dinero para recopilar la sabiduría que grandes pensadores han desarrollado durante siglos. Mi regalo para ti es transmitirte esa sabiduría de un modo que te ayude. Porque he pasado por donde tú estás y sé que lo que me ha ayudado a salir de ahí y a llegar a donde quería también puede ayudarte a ti.

He disfrutado mucho escribiéndolo y compartiendo contigo estos aprendizajes, experiencias y herramientas. Ahora es tu turno de compartir conmigo cómo te ha ayudado este libro. Por favor, cuéntame:

- ¿Qué aprendizajes te has llevado?
- ¿Qué es lo que más te ha servido para crecer?
- ¿Qué te gustaría compartir con otras personas?

Si has encontrado y aplicado aunque sea una sola cosa positiva, me doy por satisfecha. Y te pido un favor: ayúdame a ayudar. Puedes hacerlo de muchas formas:

- Únete a mi comunidad de personas que han tomado las riendas de sus vidas:

Diana Henri

Diana Henri

@dianahenri2018

¡GRACIAS!

Diana Henri

@dianahenri__official

Diana Henri

#CONDUCETUVIDA

- Forma tu propia comunidad reuniendo a tres o cuatro personas que estén pasando por un momento similar y ayúdalos a sacar el máximo partido de estas enseñanzas.

- Comparte en tus redes sociales lo que has aprendido y las frases que más te han marcado: me encantará leer tus palabras, ver tus fotos y escuchar tus vídeos. Tenemos un *hashtag* para unir estas conversaciones: #ConducetuVida, ¡utilízalo!

- Regala este libro a esas personas a las que creas que puede ayudarlas a ser más felices.

- Escribe una reseña en Amazon o deja tu opinión en mi página web o en mis perfiles sociales. Me encantará leerte.

- Apuesta por seguir formándote y creciendo a través de los otros libros de mi serie Mentalidad en Acción, como *Descubre tu pasión* o *Abraza tu éxito*.

- Hazte una foto con el libro o graba un vídeo de 30 segundos y envíamelo a diana@dianahenri.com, y comparte conmigo qué te ha aportado para que así otras personas también puedan descubrirlo.

Escucharte y saber que te he ayudado es el mejor regalo que puedes hacerme. Y te doy las gracias de corazón por ello.

Ahora solo me queda felicitarte y darte las gracias por haber llegado hasta aquí. Este no es el final, sino el principio del camino que conduce al lugar donde quieres estar.

Solo me queda recordarte algo que ya sabes: cambiar tu mentalidad y ponerte en acción son las claves para vivir una gran vida.

Te deseo un feliz camino.

Diana

UPW Tony Robbins, Londres

La voz de tu alma

Y ahora quería aprovechar estas líneas para dar las gracias de todo corazón a una persona a la que admiro:

Lain, gracias por el apoyo diario que me has brindado en este camino contándome la realidad, pero creyendo en mí desde el primer momento, cuando todo no era más que una ilusión. No sabes cuánto me alegro de que la vida nos haya hecho encontrarnos y que a partir de ahora esté en este camino contigo. Enhorabuena por todos tus éxitos y por los que aún quedan por venir.

Querido lector, te recomiendo la lectura de *La voz de tu alma* porque, sin duda, es un libro que te hará conectar con tu verdadera esencia.

Millones de gracias, Lain.

Otros libros de la autora

Biografía de la autora

Diana Ha ejercido como abogada en multinacionales y empresas del sector inmobiliario hasta que sus experiencias personales y su pasión por ayudar a los demás le hicieron cambiar el rumbo de su vida. Después de formarse con mentores de la talla de Tony Robbins, T. Harv Eker, Brian Tracy, Lain García Calvo y Mabel Katz, decidió dedicarse a impulsar a los demás a conquistar sus sueños.

Desde entonces, ha publicado varios libros con el objetivo de inspirarnos a vivir mejor.

www.ingramcontent.com/pod-product-compliance
Lightning Source LLC
Chambersburg PA
CBHW032252150426
43195CB00008BA/416